유토피아

S.T. **모어** 지음 | **원창엽** 옮김

홍신문화사

유토피아

contents

유토피아와 토머스 모어에 대해

유토피아

유토피아란 '어디에도 없는 곳'이란 뜻이다. 즉 현실에는 존재하지 않는 이상향(理想鄕)이 유토피아이다.

유토피아라는 것이 현실적으로 실현 불가능하다는 점은 주지의 사실이지만 우리는 이론적인 가능성에 관심을 둘 필요가 있다. 이 이론적인 실현 가능성이 유토피아가 갖는 진실성이며, 현실 비판의 기준이 되는 것이다.

상상력이란 자연이 인간에게만 부여한 유일한 은총이다. 이러한 상상력을 현실에 적용시킬 때, 단순히 현실 도피를 하는 것이 아니라, 현실을 탈출하기 위해 현실 비판이라는 적극성을 부여해야 할 것이다. 만일 우리가 사회의 관습적인 요구에 맹목적으로 타협해 버린다면 현실 속에 영구히 매몰될 것이며, 우리는 현실, 즉 사회에 속박되어 인간의 숭고한 정신 세계의 발전에 쐐기를 박는 결과가 되고 만다. 더 나아가서는 인류 문화의 창조에도 장애를 가져오게 된다.

따라서 인간의 상상력에 의한 현실 비판이야말로 유토피아의 진실성을 의미하는 것이다.

《유토피아》는 영국의 산업혁명 초기를 시대적 배경으로 했다. 당시 영국 사회는 실업자가 속출하는 등 사회적 혼란이 일고 있었다. 《유토피아》 제1부에서는 이러한 영국 사회의 현실을 예리하게 비판하고 있다.

특히 라파엘이 왕의 고문관이 되어 봉사하는 것을 반대하는 이유는 주목할 만하다. 그는 이미 토착화된 현실 사회에서는 유토피아와 같은 이상적인 사회를 도저히 실현할 수 없음을 주장하는데, 이러한 태도는 오늘날 우리의 현실에도 많은 도움을 주고 있다. 그러나 《유토피아》의 진면목은 제2부에서 찾을 수 있다.

제2부에는 유토피아라는 완전한 사회의 즐겁고 교훈적인 내용과 함께 조심스러운 풍자를 담고 있으며, 진지하고 성실한 내용이 실려 있다.

유토피아의 본질은 윤리에 입각한 도덕 철학이다. 유토피아는 이기적인 요소가 전혀 없는 이상적인 것을 추구했다. 그 도덕론은 고대의 사상 중에서도 에피쿠로스의 쾌락주의와 스토아 학파의 윤리관의 색채가 짙다.

그들은 쾌락을 자연이 베푼 은총으로 생각하고, 소중히 여기면서도 이성에 입각한 윤리관의 확립을 주장하였다.

또한 유토피아의 사상은 모어의 그리스도교 사상이다. 이것은 17세기와 18세기에 유행했던 자연신교, 즉 이신론(理神論)과 유사한 점이 있어 착각을 일으키기 쉬우나, 그것을 의미하는 것은 절대 아니다.

그리고 유토피아의 공유제도는 괄목할 만하다. 그러나 이 공유제도도 어디까지나 도덕적 · 종교적 사상에 근원을 두고 있음을 주의해야 한다.

유토피아의 이상적인 사회제도 및 정치, 종교, 사상 등은 여러 분야에서 오늘을 사는 우리들에게 많은 것을 제시해 줄 것이다.

토머스 모어

토머스 모어는 1478년 2월 6일 런던의 밀크 스트리트에서 영국의 보통 법원 판사인 존 모어의 둘째아들로 태어났다.

모어가 12살이 됐을 때, 그는 캔터베리 대주교이자 대법관이었던 존 몰턴의 집에 머물렀다. 당시 존 몰턴은 정계 및 종교계 등 여러 분야에서 최고의 존경을 받고 있었으며, 모어는 이러한 존 몰턴에게서 많은 영향을 받았다.

모어는 14살 때 옥스퍼드에 입학해 새로운 학문을 배웠다. 이 학교를 다닌 것은 2년에 불과했지만, 그 동안 휴머니즘의 영향을 받아 라틴 어와 그리스 어를 배우는 데 몰두했다. 이것이 그의 지식 생활의 시발점이었다. 라틴 어를 끝마치고 그리스 어에 몰두할 즈음, 그는 옥스퍼드를 떠나게 되었다. 그의 아버지는 모어를 법률가로 만들기 위해 뉴 인(New Inn)에 입학시켰다.

모어는 1496년 2월 린카스 인으로 전학했으며, 1500년에는 변호사 자격을 얻었다. 그는 계속해서 신학문 연구에 전념했다. 린카스 인에 입학한 지 2년 후에 에라스무스를 알게 되었으며, 그와 깊은 우정을 맺었다.

1504년 봄에 국회의원에 처음 당선되었으나, 국회에서 헨리 7세가 강요하는 가혹한 세금 부과안에 반대했다. 그 때문에 왕의 분노를 사 공직 생활에서 물러나야만 했다.

헨리 7세는 모어의 반항에 대한 보복으로 그의 아버지에게 100파운드의 벌금형을 내리고, 벌금을 낼 때까지 런던탑에 가두었다.

공직 생활에서 물러난 그는 소박하고 금욕적인 생활을 하며 가까운 친지들과 평안한 나날을 보냈다. 이 무렵 그는 법학을 연구했으며 되코의 저술을 번역하는 데 몰두했다. 또한 파리나 루뱅에서 대학제도를 연구했다.

1509년, 헨리 8세가 즉위하자 모어는 왕립 법학원 감독이 되었으며, 1510년 9월에는 런던의 대리 집정관이 되었다.

1514년에 오스트리아의 황태자 찰스와 헨리 8세의 딸 메리의 약혼이 깨어지자, 영국과 카스틸랴 및 네덜란드 사이의 관계가 나빠졌다.

당시 영국의 주요 생산품은 양모였으며, 모직 공업의 중심지는 플랑드르였다. 영국은 모직물을 세금 없이 수입하고 있었으므로, 이에 따라 양모도 세금 없이 수출되어야 하는 중요한 문제가 생기게 되었다.

그런데 헨리 8세는 파혼에 분노하며 네덜란드에 양모 수출을 금지시켰다. 이것은 여러 가지 문제점을 불러일으켰다. 왕은 친선 관계의 회복을 위해 특명공사를 파견하기로 했다.

이때의 특명공사는 카드버트 탄스틸이었다. 런던의 상인들은 이 파견 소식을 듣고 자신들의 이익을 위해서 토머스 모어를 파견단에 포함시켜 함께 보내주기를 청원하였고 마침내 허가를 받아냈다. 모어는 상업 관계의 문제만을 다루기로 하고 파견되었다. 그는 이 기간 동안에 《유토피아》를 구상해 제2부의 주요한 부분을 썼다.

그는 약 7개월 동안 해외에 머무른 후 귀국했다. 그가 맡았던 상업 부문 협상의 임무를 만족스럽게 수행했으므로, 헨리 8세에 의해 다시 등용되어 1529년 10월에 대법관이 되었다. 모어는 인품이 쾌활하고 부드러웠으며 종교적인 편견을 갖지 않았다. 《유토피아》의 종교관이 바로 모어 자신의 종교관이었다.

당시 영국에는 종교개혁이 일고 있었다. 그러나 헨리 8세는 교황으로부터 '신앙의 수호자'라는 명예를 얻을 정도였으므로, 정부가 종교개혁에 적극 반대하였음은 말할 나위도 없다. 그러나 이러한 정부의 탄압에도 불구하고 지식층에서 종교개혁 운동이 맹렬히 전개되고 있었다.

이에 대해 모어는 엄하게 반대 입장을 취했다. 평소 그의 자유로운 사상에 비추어 볼 때, 종교개혁에 이토록 단호히 반대하는 태도는 이해하기 어려울 정도였다.

모어가 직접 신교도에 대한 박해와 학살을 지휘하지는 않았지만, 종교개혁의 반대 입장에 서서 신교도 박해를 묵인했던 것이다. 《유토피아》에 나타난 자유로운 종교관과는 달리, 이러한 모어의 태도에는 다음과 같은 이유가 있었다.

그는 종교개혁은 유럽의 장구한 기독교 문명과 사회제도를 파괴한다고 생각했으며, 《유토피아》에서 자세하게 나타낸 신앙의 자유를 실제 정치에는 적용하고 싶지 않았던 것이다. 《유토피아》에서 논한 공유의 원리를 실시할 의사도 물론 가지고 있지 않았다.

《유토피아》는 이러한 모어 자신의 생활 모습을 밝혀 준다는 점에서 우리에게 한층 더 관심을 갖게 한다. 헨리 8세는 유능한 인사들을 많이 등용했고, 또 그 인사들은 왕이 가진 야망과 동기를 열렬히 지지하면서 열심히 도왔다. 그러나 모어만은 자기가 반대하는 목적을 성취하기 위해 할 수 없이 일하는 일종의 도구에 지나지 않았다.

그렇다면 왕의 신하가 되었다는 사실과 자기 자신의 양심의 가책을 어떻게 조정할 수 있었을까? 선량하고 애심적인 한 인간이 어떻게 포악한 왕을 섬길 수 있었을까?

모어는 《유토피아》 제1부에서 이것에 대해 논했다.

모어가 왕이 내린 높은 지위를 거부하지 않은 이유는 좋은 정책을 추구하거나 시행하지는 못하더라도 적어도 나쁜 정책만은 방지할 수 있을 것이라고 생각했기 때문이다.

왕과의 의견 충돌 가능성이 항상 도사리고 있다는 사실도 처음부터 인식하고 있었다. 그러나 헨리 왕은 모어의 저의를 알면서도 그를 좋아했다.

《유토피아》의 제1부에서도 알 수 있듯이 모어는 직책을 맡은 순간부터 왕과의 관계가 언젠가는 비극으로 끝날 것임을 예견하고 있었다.

예측했던 결과는 오고야 말았다. 헨리 8세가 즉위하여 형 아서의 미망인 인 캐서린과 결혼했으나 메리 공주 이외에는 자식이 없었으므로, 1532년 2월 캐서린과 이혼하고 다시 안과 결혼했다. 그러나 교황은 이 결혼을 불법이라고 선언하고, 10일 이내에 이혼하지 않으면 파문하겠다고 통고했다. 이에 헨리 8세는 로마 교회와의 결렬을 선언함과 동시에 영국 왕은 국내 모든 교회의 교주임을 선언했다.

1532년 카톨릭을 옹호하던 모어는 자기의 입장이 불리하게 되자 대법관 직을 사퇴했다. 그는 다음 해에 거행된 안 왕후의 대관식에도 참석하지 않았다.

1534년 3월 왕위 계승법이 의회에서 통과되었다. 이 법은 헨리 8세와 안 왕후의 자식에게 왕위 계승권을 인정하고, 메리 공주는 서출로 인정하여 왕위 계승을 금지한다는 것이었다.

모어는 왕으로부터 이 법안에 동의를 명령받았다. 그러나 그는 거절했다. 메리 공주를 서출이라고 인정하는 것은 캐서린과의 결혼이 불법이었음을 인정하는 것이고, 동시에 교황의 권위를 부정하는 것이 된다고 생각했기 때문이었다.

그는 즉시 런던탑에 감금되었고, 1535년 7월 6일 반역죄로 사형선고를 받았다. 그가 사형을 받던 광경은 매우 인상적이었다. 모어는 오랜 감금 생활로 몸이 허약해져 있었으므로 친구인 런던탑 책임자 킹스턴이 런던교 근처까지 데려다 주었다.

킹스턴은 모어를 호송대에 인계하면서 눈물을 흘렸는데, 이 모습을 보고 킹스턴에게 다음과 같이 위로했다.

"나를 위해 기도해 주시오. 나도 당신을 위해 기도하겠소. 그리고 천국에서 다시 만나 유쾌하게 함께 삽시다."

그는 아들과 딸이 슬피 울며 매달릴 때도 침착하게 이별의 키스를 하면서 오히려 자식들을 위로해 주었다.

그는 사형 집행 통고를 받고 이렇게 말했다.

"이 어두운 현세를 일찍 떠나도록 해 주시니 폐하의 은덕에 감사드립니다. 나는 현세에서도 내세에서도 폐하를 위해 기도하겠습니다."

그리고는 사형 집행인에게 태연히 농담을 하며 최후를 마쳤다.

"기운을 내게. 자네의 직책을 과감히 수행해야 하네. 내 목은 짧으니 조심해서 자르게."

헨리 8세는 모어를 죽일 수는 있었지만, 그를 매수할 수는 없었던 것이다. 그렇다면 모어가 왕의 신하가 되었던 것은 잘못이었을까?

그리고 그의 죽음은……?

이러한 문제들은 우리에게 과연 무엇을 의미하는 것인가?

제1부

세상에서 가장 위대한 통치자요 무적의 영국 국왕인 헨리 8세와 침착하고 부드러운 카스틸랴[1]의 찰스 왕 사이에 심각한 의견 충돌이 있었다.[2] 폐하는 이 문제를 조절하고 해결하기 위해 카드버트 탄스털[3]과 함께 나를 플랑드르로 보냈다.

　카드버트 탄스털은 뛰어난 사람이며, 정부의 문서보관장관(文書保管長官)으로 임명되어 만인을 만족스럽게 했다. 그의 학식과 덕에 대해서는 새삼스럽게 언급하지 않겠다. 설명이 불필요할 정도로 학식과 덕망이 탁월했

---

1 스페인 중부에 있던 옛 왕국.
2 헨리 8세의 딸 메리 공주와 카스틸랴의 찰스 왕은 약혼한 사이였다. 그러나 찰스 왕은 프란시스 1세와 결맹하는 것이 더 유리하다고 생각하여 메리 공주와의 파혼을 선언했다. 영국 정부는 이에 대한 보복으로 네덜란드의 찰스 왕 영토에 양모(羊毛) 수출을 금했다. 그러나 이러한 조치는 영국의 양모 무역에 반대 효과를 나타냈으므로, 헨리 8세는 무역 관계의 재개를 위해 플랑드르로 사절단을 보냈다. 모어는 영국 상인들의 요구로 이 사절단의 일원이 되었다(1515. 5. 7). 그는 네덜란드에서 머무르는 일곱 달 동안, 《유토피아》 제2부를 썼다. 제1부는 영국에 귀국한 후에 썼다.
3 카드버트 탄스털(1474~1559)은 1522년 런던의 주교가 되었으며, 1529년에는 다아럼의 주교가 되었다. 그는 윌리엄 틴들(1492~1536, 영국의 종교 개혁자·성경 번역자)이 번역한 《신약성서》를 대량으로 구입하여 태워 버렸는데, 이것은 오히려 청교도에 대해 재정적 보조를 해준 셈이었다. 그는 산술에 관한 책을 써서 모어에게 바쳤으며, 모어의 묘비에는 그에 대한 감사의 구절이 적혀 있다.

기 때문이다. 나는 등불을 가지고 태양을 비추는 그런 어리석음은 범하고 싶지 않다.

우리들은 미리 약속된 대로 브르지스에서 카스틸랴의 사절단과 만났는데, 그들은 모두 유명한 분들이었다. 사절단의 대표자는 브르지스 시장이었다. 그렇지만 대부분의 타협은 카셀의 수도원장 조지 드 테임세크에 의해 이루어졌다.

이 사람은 대표단 중에서도 높은 학식을 갖추었을 뿐 아니라 선천적인 능변가였다. 그는 또한 법률 전문가로서 타고난 소질과 오랜 경험으로 말미암아 제일의 중재자이기도 했다. 한두 차례 회합을 가졌으나 아직도 합의에 도달하지 못한 몇 가지 항목이 있어서, 그들은 수일 동안 우리와 헤어져 국왕의 의견을 듣기 위해 브뤼셀로 떠났다. 그 동안 나는 내 일을 보기 위해 안트와프로 갔다.

그곳에 머무르는 동안 나를 자주 찾아온 몇몇 사람이 있었다. 그들 중에 내가 가장 좋아한 사람은 안트와프 출신의 청년, 피터 자일즈였다. 그는 주민들로부터 존경을 받고 있었으며, 이 도시에서 중요한 지위를 맡고 있었다.

그는 최고의 존경을 받을 만한 자격이 충분했으며, 그의 지성과 품성은 좋은 인상을 남겼다. 그는 매우 훌륭한 학자이고, 또한 인격자였다. 그는 모든 사람들에게 각별히 친절했으며, 특히 친구들에게 진실한 우정과 애정을 보여 주었다. 그의 우정은 매우 깊어 독보적이라고 할 만했다. 그는 언제나 겸손하고 솔직했으며, 무엇보다도 기지에 차 있으면서도 소박했다. 그의 이야기를 듣고 있으면 즐거움이 저절로 솟구쳤다. 그는 상대방의 기분을 나쁘게 하지 않고 재치있게 이야기를 이끌어 갈 줄 알았다.

나는 집을 떠난 지 넉 달이 넘었으므로, 영국으로 돌아가 아내와 자식을 만나보고 싶은 마음이 간절했다. 그러나 그와 사귀며 보낸 알찬 시간과 이야기들로 인해 가족들에 대한 향수를 상당히 덜어낼 수 있었다.

어느 날, 나는 사람들이 자주 찾는 웅장한 노트르담 사원 예배에 참석했다. 내가 막 숙소로 돌아가려 할 때, 피터 자일즈가 얼굴이 검게 그을리고, 수염을 길게 길렀으며, 한쪽 어깨에 외투를 아무렇게나 걸친 노인과 이야기하고 있는 것을 보았다. 노인의 모습과 옷차림을 보고, 나는 그가 선원이라고 판단했다. 이때 피터가 나를 발견하고는 내게로 달려왔다. 그는 인사를 하며 내가 미처 답례도 하기 전에 나를 약간 떨어진 곳으로 데려갔다.

"저쪽에 있는 저분 보이지요?"

그는 그와 이야기하고 있던 노인을 가리키며 물었다.

"저분을 모시고, 지금 막 선생님 댁을 방문하려던 참이었습니다."

나는 대답했다

"당신이 소개하는 사람이라면 기꺼이 맞이하겠습니다."

"저분이 어떤 분인지 아신다면 선생님께서는 저분과 만난 것을 매우 좋아하실 것입니다. 우리에게 알려지지 않은 나라들과 그 국민에 대하여 저분만큼 많은 견문을 가지고 있는 사람은 오늘날 찾아볼 수가 없기 때문입니다. 저는 선생님께서 그러한 일에 매우 흥미를 가지고 있다는 것을 잘 알고 있습니다."라고 피터가 말했다.

"내 판단이 거의 맞는군요. 나는 그가 선원이 틀림없을 것이라고 생각했어요."

그러자 피터는 이렇게 대답했다.

"그렇다면 틀렸습니다. 그는 팔리누르스[4] 타입의 선원이 아닙니다. 그는 율리시즈[5]나 또는 플라톤과 비슷합니다. 우리들의 친구인 라파엘 씨 (그의 이름은 라파엘 히드로다에우스[6]이다)는 학자라는 것을 아시게 될 것입니다. 그는 라틴 어를 알고 있으며 그리스 어에도 조예가 깊으십니다. 그는 철학에 깊은 관심을 갖고 있기 때문에 그리스 어에 전념했으며, 세네카와 키케로의 몇몇 저작을 제외하고는 라틴 어로 쓰여진 것 중에는 중요한 것이 없음을 알고 있습니다. 그는 세상을 두루두루 구경하고 싶어서 형제들에게 포르투갈(그는 포르투갈 출신입니다.)에 있는 재산 관리를

---

4 팔리누르스는 《그리스 신화》에 나오는 트로이카의 명타수(名舵手). 트로이 전쟁의 용사 아이네이아스의 타수였다. 그는 타륜(舵輪)에서 자다가 바다에 떨어져 해변가로 헤엄쳐 갔으나 원주민에게 살해되었다(베르길리우스의 서사시 《아이네이스》에서). 여기서 그의 이름을 거론한 것은 그는 명타수이기는 하나, 철학적 탐구가는 아니었으며, 따라서 아주 현명하지는 못했다는 것을 말하기 위해서인 것이다.

5 율리시즈에 비교한 이유는, 르네상스 시대의 유럽 학자들은 율리시즈가 인간성과 인간의 생활 양식 및 정부 형태를 착실히 연구했다고 생각했기 때문이다.

6 라파엘 히드로다에우스는, 라파엘(Raphael)은 헤브루 어로 '신이 고쳤다'는 뜻이며, 히드로다에우스는 그리스 어에서 온 말로 '난센스의 조제사'라는 뜻.

맡기고 아메리고 베스푸치[7] 일행에 합류했습니다. 선생님께서는 많은 사람들이 읽고 있는 아메리고 베스푸치의 《4대 항해(四大航海)》[8]를 아실 것입니다.

라파엘 씨는 처음부터 세 번째 항해 때까지는 항상 그와 함께 있었습니다. 그러나 라파엘 씨는 마지막 항해 때 그와 함께 돌아오지 않고 그 대신 베스푸치에게 간청하여 24명과 함께 요새[9]에 남기로 하였습니다. 여행에 대한 자신의 취미를 만족시키기 위해 그곳에 머물렀습니다.

그는 어디서 죽든 상관하지 않았습니다. 그는 '무덤에 묻히지 못하는 자는 하늘이 덮어준다.' 그리고 '어느 곳에서나 천국에 도달할 수 있다.'고 늘 말했습니다. 하느님의 은총이 베풀어지지 않았다면 그에게는 큰 타격이 가해졌을 그런 태도이지만, 어쨌든 베스푸치가 돌아가고 난 후에 라파엘 씨는 그 경비대의 다른 대원 5명과 함께 많은 탐험을 했습니다.

마지막으로 놀랍게도 그들은 실론(스리랑카)에 도달했습니다. 거기서 그는 캘리커트[10]로 왔는데, 뜻밖에 포르투갈 배를 만나 귀국을 할 수 있었습

---

7 아메리고 베스푸치(1451~1512)는 '아메리카'라는 이름을 명명한 피렌체 상인으로, 그의 주장에 의하면 1497년 항해 때 '테라 피르마(Terra Firma)', 곧 남미 본토를 발견했다고 한다. 모어는 베스푸치가 1501년에 시작된 항해에서 견문한 바를 기록한 《신세계(1505년경 바젤에서 간행됨)》에서 《유토피아》에 대해 몇 가지 힌트를 얻은 듯하다.

8 《4대 항해》는 1507년 디에에서 초판이 출판되었다. 제1차 항해 기록에는 유토피아 인들과 몇 가지의 공통점을 갖고 있는 원주민에 대한 기록이 있다.

9 《4대 항해》에서 베스푸치는 24명의 대원을 무기 및 6개월분의 식량과 함께 요새에 남겨 두고 왔다고 말하고 있는데, 이 요새는 그 후 케이프 프리오로 알려졌다.

10 캘리커트는 인도 남부 마두라이의 서해안에 있는 도시. 바스코 다 가마가 희망봉을 돌아 동쪽으로 갔을 때 도착한 항구.

니다."

"그렇군요. 정말 감사합니다. 저런 분과 대화를 한다는 것은 매우 흥미로운 일일 겁니다. 이런 기회를 마련해 주신 당신은 매우 친절한 분이십니다."

나는 곧장 라파엘에게로 가서 그와 악수를 했다. 처음 소개를 받을 때 보통 행하는 몇 가지 평범한 인사를 나눈 후, 우리는 내가 머무는 숙소의 잔디가 덮인 정원 벤치에 앉아서 더욱 친밀하게 이야기를 나누기 시작했다.

먼저 라파엘은 베스푸치가 떠난 후 요새에서 다른 사람들과 있었던 사건을 이야기했다. 그들은 겸손하고 의젓한 태도를 취했기 때문에 차츰 원주민들과 친해졌으며, 원만한 정도를 지나 친숙한 관계로 발전했다. 그들은 특히 어떤 왕과 친해졌는데(그 왕의 이름과 국적은 내 기억에 남아 있지 않다), 그 왕은 친절하게도 라파엘과 그의 동료들에게 여행에 필요한 음식과 돈을 마련해 주었으며, 배도 빌려 주었다. 또한 그는 가장 충직한 안내자도 보내 주었는데, 이 안내자는 그들이 소개장을 받은 여러 다른 왕들과의 접촉을 알선하라는 명령을 받고 있었다. 오랫동안 여행하면서 그들은 매우 높은 수준의 정치 조직을 갖춘 몇몇 도시들과 공화국들을 보았다. 그곳 주민들은 모두 잘 살고 있었다.

적도 지방과 대부분의 열대 지방에는 계속 내리쬐는 열기로 바싹 말라 버린 드넓은 사막이 있었다. 모든 것이 침울하고 황량해 보이며, 뱀이나 맹수, 또는 이에 못지않은 야수적이고 사나운 인간 이외에는 경작을 하거나 동물의 흔적이 전혀 없었다. 그러나 여행을 계속함에 따라 사태는 점차 호전되었다. 기후가 차츰 온화해지고 땅이 푸르르고 쾌적해지며 인간과 짐승은 다소 순해졌다. 그러다가 마을이나 도시에 살며 자기네들끼리 서로 교역하고, 또는 인접 지역이나 멀리 떨어져 있는 나라들과 교역을 하는 사람들을 만나게 되었다.

라파엘은 이렇게 말했다.

"나는 그 지방 전체를 여행할 기회를 가졌습니다. 막 항구를 떠나려는 배를 볼 때마다 나는 내 친구들과 함께 타기를 요청했으며, 그들은 언제나 기꺼이 우리를 태워 주었습니다. 우리가 처음 본 배들은 갈대 잎이나 버들 가지를 촘촘히 달고 있었고, 가죽으로 만든 돛을 달았으며, 바닥이 평평한 배들이었습니다. 그러나 그 후에 본 배들은 굵은 삼베로 만든 돛을 달고 대체로 영국 배와 비슷했습니다. 선원들은 대부분 항해술에는 능숙했으나 다른 어려움이 있었습니다. 나는 그들이 어디에서도 구경해 보지 못한 나침반을 꺼내어 그 사용법을 가르쳐 주었으며, 그들 사이에서 인기를 얻었습니다.

그들은 그때까지 나침반에 대해서 들은 적이 없었으므로, 언제나 바다를 두려워했고, 여름철 이외에는 감히 항해를 하려 하지 않았습니다. 그러나 지금은 나침반을 신뢰하게 되어 겨울철 항해도 두려워하지 않게 되었습니다. 이 새로운 기구로 인해 그들은 도리어 안전한 항해에 무관심해졌습니다. 그들의 과신(過信)으로 유용한 발명품이 재난의 원인이 될 위험에 처해진 것입니다."

그가 우리에게 말해 준 여러 지방에 대해 여기서 모두 이야기한다는 것은 너무나 많은 시간이 소모되며 지루한 일이다. 또한 그것은 이 책의 목적에서 벗어난다. 그러므로 나는 다른 책에서 그의 이야기의 교훈적인 부분과 꼭 알아둘 가치가 있는 것들, 즉 그가 여러 문명 사회에서 본 현명한 제도들을 강조하여 이야기를 되풀이할 것이다.

우리는 이러한 부분에 대해서 매우 자세하게 질문했으며, 그도 상세하게 대답해 주었다. 그러나 우글거리는 괴물에 대해서는 일체 물어보지 않았다. 괴물 따위는 이미 뉴스가 될 수 없다. 인간을 잡아먹거나 음식을 빼앗아 가거나, 사람을 먹어 치우는 무시무시한 짐승[11]에 관해서는 이미 들은 바 있었다. 그러나 현명한 사회제도를 가진 나라들은 쉽게 발견되지 않았다.

물론 그가 새로 발견한 나라에서 본 것 중에는 쓸모없는 것도 많았지만, 유럽 사회의 모순을 바로잡고 보다 좋은 사회를 만들기 위해 사용할 만한 몇 가지 제도를 발견했다. 앞에서 말한 바와 같이 이것에 대해서는 뒤에서 다루게 될 것이다.

나는 다만 그가 유토피아[12]의 제도와 관습에 대해 말해 준 것을 이곳에

---

11 라틴어 본문에는 '실라와 셀라에노와 사람을 잡아먹는 레스트리고니안 족'이라고 되어 있다. 실라는 《오디세이》에 나오는 머리가 여섯 개인 괴물로, 율리시즈의 선원 6명을 잡아먹었다. 셀라에노는 《아이네이스》에 나오는 하피(새의 날개와 손톱을 가진 욕심 많은 괴물)의 하나로 여자의 얼굴을 한 사나운 짐승이며, 음식을 먹으려고 하면 빼앗아 간다.
12 유토피아란 '어디에도 없는 곳(no place)'이라는 뜻이다.

밝히려는 것이다.

우선 이 공화국에 대한 얘기를 꺼내게 된 사연부터 기록해야겠다. 지구의 두 부분에서 저질러진 잘못(확실히 이러한 잘못은 많이 있다)을 날카롭게 지적한 후에, 라파엘은 구세계와 신세계의 입법에 대해 보다 현명한 제도를 논했다. 그는 모든 나라에 대해 정통해 있는 것 같았다. 하룻밤 묵은 곳에서 마치 평생을 살아본 것처럼 생생하게 그려냈다. 피터 자일즈는 특히 감동을 받았다.

피 터 _ 라파엘 씨, 당신이 어느 왕의 신하가 되지 않는 이유를 알 수가 없군요. 어느 왕이든지 당신을 신하로 두면 기뻐하리라 나는 확신합니다. 당신의 학식과 경험으로 미루어 볼 때 당신은 왕을 즐겁게 해줄 뿐 아니라, 본보기를 들어 좋은 충고를 해 주실 분이십니다. 왕의 신하가 되시면 당신은 자신의 포부도 살릴 수 있고, 또 당신의 친구와 친척들에게 많은 도움을 줄 수 있을 것으로 봅니다.

라파엘 _ 나는 친구나 친척에 대해 큰 관심을 가지고 있지 않습니다. 그들에 대한 나의 의무는 이미 끝났다고 생각합니다. 대부분의 사람들은 늙고 병들어 더이상 어찌할 수 없을 때까지 재산에 집착하고 죽음에 가까워졌을 때도 마지못해 재산을 양도합니다. 그러나 나는 젊고 건강할 때 내 재산을 친구와 친척들에게 나누어 주었습니다. 나는 그들이 그것으로 만족했으리라 생각합니다. 그들은 내가 더욱 출세해 왕의 종살이를 하면서까지 자신들에게 이익을 주었으면 하고 기대하지는 않을 것입니다.

피 터 _ 옳은 말씀입니다. 그러나 제가 말한 것은 봉사이지, 예속이 아닙니다.

라파엘 _ 글자 몇 개가 다르다고 해서 큰 차이는 없다고 봅니다.[13]

피 터 _ 좋습니다. 당신이 어떻게 생각하실지 몰라도, 나는 아직도 왕에게 봉사하는 것이 당신 자신과 이웃에게 가장 이로운 방법이라고 생각합니다.

라파엘 _ 나는 본능에 어긋나면서까지 그렇게 하고 싶지는 않습니다. 현재 나는 정말로 즐거운 삶을 누리고 있습니다. 그리고 왕의 신하들 중 어느 누구보다도 행복합니다. 왕의 곁에는 왕의 은총을 얻기 위해 다투는 사람들이 아주 많습니다. 그러므로 내가 없다고 해서 또는 나와 비슷한 사람이 몇 명쯤 없다고 해서 왕들이 곤란한 처지에 놓이는 것은 아닙니다.

모 어 _ 라파엘 씨, 당신은 진정 돈이나 권력에는 흥미가 없군요. 당신이 이 지상에서 가장 훌륭한 왕이라고 하더라도, 나는 이보다 더 당신을 존경하지는 못할 것입니다. 그러나 개인적으로는 좀 귀찮더라도 당신의 재능과 능력을 공적인 일에 쓸 수 있다면, 그것은 더욱더 존경받을 만한 철학적 태도가 아닐까요?

이와 같이 한다면 어느 위대한 왕의 신임을 받게 될 것이고, 그 왕에게 정말로 훌륭한 조언을 할 수 있을 것입니다. 나는 당신이 그렇게 하리라 확

---

13 봉사는 service, 예속은 servitude이기 때문에 글자 몇 개의 차이라고 말한 것이다.

신합니다. 원래 왕의 정치에 따라 국민의 행복이나 불행이 좌우되는데 이 것은 솟아나는 샘물이 넘쳐 강을 이루는 것과 같습니다. 당신은 해박한 이론적 지식과 풍부한 경험을 갖추고 있어서, 이 두 가지 중 어느 하나만으로도 충분히 훌륭한 고문관이 될 수 있을 것입니다.

라파엘 _ 모어 씨, 당신이 내린 나에 대한 평가와 일 자체에 대한 판단, 모두 다 틀렸습니다. 나는 당신이 생각하는 것처럼 뛰어난 능력을 갖지도 못했으며, 설사 갖고 있다 하더라도 다른 여러 가지 일에 몰두하느라 아직 사회에 어떠한 봉사도 한 적이 없습니다.

우선 왕들은 평화시의 유용한 기술보다는 전쟁술(이에 대해 나는 아무것도 모르며 알기를 바라지도 않습니다)에 더 관심을 갖고 있습니다. 그들은 현재의 왕국을 잘 다스리겠다는 생각보다는 수단과 방법을 가리지 않고 새 왕국을 넓히는 데 더 열중하고 있습니다.

게다가 고문관들은 자부심이 강하여 다른 사람의 조언에 귀를 기울이지 않습니다. 물론 그들은 왕들이 말하는 가장 어리석은 일에 찬성함으로써 언제나 왕의 신임을 얻으려고 노력하고 있습니다. 결국 자기 기만에 빠지는 것은 인간의 본능입니다. 까마귀 어미에게 있어서 그 새끼가 아주 귀여운 것도, 또 어미 원숭이가 그 새끼를 어여쁘게 여기는 것도 바로 본능인 것입니다.

다른 사람의 의견에 대해서는 심한 선입견을 갖고 자신의 의견만을 최고로 생각하는 사람이 있습니다. 이러한 사람들에게 모어 씨가 여행에서 얻은 경험을 토대로, 또는 역사적 선례를 증거로 삼을 수 있는 정책을 제안했다고 생각해 보십시오. 그들은 마치 그들의 전문가로서의 평판이 위기에 처했고, 또 당신의 제안에 대해 어떤 반대를 제기하지 않으면 평생토록 바보 취급을 받기라도 하는 것처럼 행동할 것입니다. 온갖 노력이 모두 허사가 될 때, 그들은 마지막으로 다음과 같은 말에 의지할 것입니다.

'이것은 우리들의 선조들이 최선이라고 했던 것인데, 우리들 중 누가 감히 선조의 지혜를 의심하는가?' 그러고 나서 그들은 이 문제에 대해 최종 결정을 내린 듯이 자신의 의자로 돌아가 앉아 버릴 것입니다. 마치 누군가 그들의 선조들보다 더 현명하다고 여겨지는 것은 커다란 재앙이기라도 한 듯이! 그런데 우리는 그들의 가장 현명한 결정을 쉽게 뒤집어 놓을 수가 있습니다. 어리석은 자들만이 그들에게 매달리지요. 나는 이와 같이 자만심과 어리석음과 고집이 뒤섞인 사람들을 여러 곳에서 봤습니다. 심지어는 영국에서도 목격한 적이 있습니다.

모 어_ 정말입니까? 그렇다면 저희 나라에도 가신 적이 있으시겠네요?

라파엘_ 네, 그렇습니다. 참혹한 내란이 있은 직후에 몇 달 동안 머물렀습니다. 그 내란은 영국 남서부에서 혁명[14]으로 시작되었는데, 결국 반란자들이 참혹하게 대량 학살을 당했지요. 그곳에 머무르는 동안 캔터베리의

---

14 1497년 토머스 플램모크라는 변호사의 지도하에 스코틀랜드 침략을 위한 과세(課稅)에 반대하여 일어난 콘월 주민들의 반란을 말한다. 그들은 1만 5000명의 병력을 동원했으나 6월 17일 블랙히드에서 패전했고, 2000여 명이 전사했다.

존 몰턴[15] 대주교는 나를 아주 친절하게 대해 주셨습니다. 그분은 추기경이기도 했으며, 당시에는 영국의 대법관을 겸하고 있었죠. 피터 씨에게는 그분에 대한 설명을 해야겠군요. 모어 씨는 잘 알 테니까……

그분은 높은 신분뿐 아니라 지혜와 미덕을 갖추고 있어 많은 사람의 존경을 받는 인물이었습니다. 그분의 키는 보통이었고, 고령임에도 불구하고 조금도 허리가 굽지 않았습니다. 그리고 존경심을 불러일으키는 얼굴로 언제나 진지하고 근엄했지만 자연스럽게 대화할 수 있는 분이었습니다.

잘 알려진 일이지만, 그분은 사무적인 타협을 하기 위해 끈질기게 찾아오는 사람들에게는 다소 난폭하게 대했으나, 해를 끼치려고 그런 것은 아니었습니다. 그것은 그들의 총명함과 침착성을 시험해 보기 위해서였습니다. 그분은 총명과 침착성을 신중히 사용하면 매우 유용하다는 것을 알고 있었고, 또 이러한 기질이 공공생활에서 가장 가치 있다고 생각했습니다. 그분은 능숙한 말솜씨에 법률에도 정통했습니다. 또한 그분은 뛰어난 지능과 기억력의 소유자였습니다. 이 두 가지는 그분의 선천적인 재능이었지만, 지속적인 훈련을 통해 그 자질을 보충하고 개선했던 것입

---

15 존 몰턴(1420~1500)에 관한 부분은 자서전에 가깝다. 모어는 12살 때부터 몰턴의 집에서 자랐기 때문이다. W. 로퍼의 몰턴 전기에는 다음과 같은 대목이 있다. "추기경은 모어의 기지와 싹싹함을 좋아했는데, 그 때문에 귀족들과 식사를 할 때 여러 번 그에 대해 이렇게 말했다. '지금 시중을 들고 있는 이 애는 우리들 중의 누구든 그때까지 살기만 한다면, 훌륭한 인물이 되는 것을 볼 수 있을 거야.'라고"

니다.

왕은 그의 판단을 매우 신뢰했으며, 내가 방문했을 즈음에는 전국이 그에게 의존하고 있는 것 같았습니다. 그분은 소년 티도 벗기 전에 대학에서 곧장 궁정으로 불려간 후, 줄곧 여러 가지 사태를 수습하고, 어려운 과정을 통해 얻은 지혜로 정부 일을 맡아 보았으니까요. 이렇게 배운 것은 쉽사리 잊혀지지 않는 법이지요.

언젠가 나는 추기경과 같이 식사를 했는데 영국인 변호사도 함께 했습니다. 어떻게 그런 화제가 나왔는지는 잘 모르겠습니다만, 영국인 변호사는 당시 절도범들에게 취해졌던 가혹한 처벌을 열렬히 찬성하더군요.

"우리는 닥치는 대로 그들을 교수형에 처하고 있습니다. 나는 한 교수대에 20명이 처형되는 것을 본 적도 있습니다. 이것이 바로 내가 의아하게 여기는 점입니다. 교수형을 면하는 자가 거의 없다는 것을 볼 때, 왜 우리는 아직도 그렇게 많은 절도범들로 인해 고통을 받고 있을까요?"

"무엇이 이상하단 말씀입니까?"

나는 추기경 앞에서도 거리낌없이 자유롭게 말해 왔기 때문입니다.

"절도범을 처벌하는 이 방법은 공평하지도 않고, 사회적으로도 바람직하지 못합니다. 처벌이라고 하기에는 너무 가혹하고, 방지책으로서는 매우 비효과적입니다. 가벼운 절도죄는 사형을 받을 만큼 큰 죄가 못 되며, 또 그들이 살아갈 수 있는 유일한 방법이 훔치는 길밖에 없다면 아무리 극형을 가해도 절도를 멈추게 하지는 못할 것입니다. 이러한 점에서 당신들 영국인은 나에게 학생들을 선도하기보다는 학생들에게 매질하는 것을 더 좋아하는 무능한 교장을 생각나게 합니다. 이러한 끔찍한 처벌을 가하는 대신 모든 사람들에게 살 길을 마련해 주어, 누구든 도둑이 되어서 마침내는 시체가 되는 절박한 상황에 처하지 않도록 하는 것이 보다 더 중요하다고 봅니다."

"이미 그러한 제도는 얼마든지 있습니다. 그들은 갖가지 일을 할 수 있습니다. 언제든지 농사를 지을 수도 있고 원한다면 올바르게 생활비를 벌 수 있습니다만, 그들은 고의로 범죄자의 길을 택하는 것입니다."
라고 변호사는 담담하게 대답했습니다.

"그런 식으로 이야기할 수는 없습니다. 이야기를 계속 진행시키기 위해, 국내나 국외에서 왕과 국가에 봉사하다가 불구자가 된 병사의 경우(콘월 반도와의 전투나 프랑스에서의 전투[16]에서)는 생각하지 말기로 합시다. 상이 군인이 집에 돌아와 전에 하던 일을 계속한다는 것은 신체적으로 불가능하며, 새로운 일을 배우기에는 너무 나이가 많다는 것을 아실 겁니다. 그러니 좀전에 말한 대로 상이 군인에 대해서는 언급하지 말도록 합시다. 전쟁은 단지 일시적인 것에 지나지 않으니까요. 매일매일 일어나고 있는 사태에 대해서만 논하기로 합시다.

---

16 1942년 10월 헨리 7세와의 조약을 준수시키기 위해, 칼레에 상륙하여 불로뉴를 포위했으나 효과가 없었다.

우선 게으름뱅이 수벌처럼 소작인의 노력에 의지해 살면서 끊임없이 지대(地代)를 올려 소작인으로부터 모조리 거둬들이는 많은 귀족들이 있습니다. 그들은 낭비로 인해 곧 파산할 것입니다. 그러나 그들만이 게으른 게 아니고, 그들이 거느리고 있는 게으른 무수한 시종(侍從)들(그들은 생활비를 버는 방법을 한 번도 배운 적이 없습니다)도 있습니다. 그들은 주인이 사망하거나 자신이 병들면 그 집에서 곧 쫓겨납니다.

　귀족들은 병자보다는 게으른 자에게 훨씬 호의적이고, 또 상속자는 대개 물려받은 막대한 설비를 유지해 나가지 못하기 때문입니다. 쫓겨난 시종들은 도둑질을 하지 않고서는 굶주림에 견디지 못합니다. 그 외에 뾰족한 수가 있을까요? 물론 그는 낡아빠진 옷을 입고 비렁뱅이가 되어 여기저기 방랑할 수는 있습니다. 그러나 이러한 상태로는 그를 고용하려는 지주를 만나지 못하며, 농부도 그를 받아들이지 않습니다. 한때 호화스럽게 살며 제복을 입고 으스대며 이웃사람을 멸시하던 자가 적은 품삯을 받고 겨우 연명할 정도의 음식을 먹으며 곡괭이와 호미를 들고 가난한 사람을 충실히 섬길 리는 없을 것입니다."

　변호사는 대답했습니다.

　"그러나 바로 그런 사람을 우리는 격려해 주어야 합니다. 전시에는 그가 전쟁의 승패를 좌우하게 되는 것입니다. 그가 평범한 직공이나 농부보다는 용기와 자존심이 더 많기 때문이지요."

　나는 대답했습니다.

"당신의 말씀은 전쟁을 위해서 도둑질을 장려해야 한다는 말이군요. 그렇다면 도둑이 없어진다는 것은 있을 수 없는 일이겠네요. 물론 도둑은 유능한 군인이 되고, 군인은 모험적인 도둑이 된다는 당신의 말씀은 옳습니다. 이러한 두 종류의 전문가는 비슷한 점이 상당히 많습니다. 그러나 당신이 몹시 염려하는 바와 같이 이러한 폐단이 영국에만 국한되어 있는 것은 아닙니다. 사실상 전세계적인 병폐이지요. 프랑스는 이러한 폐단으로 말미암아 더 격심한 곤란을 겪고 있습니다. 프랑스에서는 심지어 평화로운 때에도 당신이 게으른 시종을 부양해야 한다고 한 것과 같은 이유로 고용된 병사들로 들끓고 있습니다.

아시다시피 전문가들은 공공의 안녕을 위해서 숙련된 군인들로 구성된 강력한 상비군을 유지해야 한다고 생각했던 것입니다. 전문가들은 신병들을 믿을 수 없어서 병사들을 훈련시키고, 그래서 살루스티우스[17]가 적절하게 표현한 것처럼, 그들의 솜씨를 유지시키기 위해 목을 자르도록 고의로 전쟁을 일으키기 때문에 숙련된 군인이 있기 마련이지요.

그래서 프랑스는 뼈아픈 경험을 통해, 이러한 야만적인 애완동물을 키우는 것이 얼마나 위험한지 배웠으며, 로마, 카르타고, 시리아 및 다른 나라의 역사에도 이와 같은 교훈이 많이 있는 것입니다. 상비군이 기회가 있을 때마다 그들을 고용한 정부를 전복하고, 그 영토를 유린하고 파괴한 경우

---

17 살루스티우스(기원전 86~35)는 로마의 역사가 · 정치가이다.

가 얼마나 많았습니까? 그러므로 이들이야말로 정녕 불필요한 존재입니다. 프랑스 군인은 철저한 군사훈련을 받았음에도 불구하고 프랑스 인이 귀국의 전시의 징집병들을 격퇴시켰다고 자주 주장할 수 없는 사실로 보아도 명백합니다. 나는 더 강력하게 이 사실을 강조하지는 않겠습니다. 당신들께 아첨하는 것으로 보일 염려가 있으니까요.

또한 당신이 말씀하신 사람들, 곧 도시의 직공이나 시골의 무식한 농부들이 모두 문제의 시종들을 사실상 두려워하고 있다고 생각되지는 않습니다. 사실은 이렇습니다. 시종들은 처음에는 강인한 체력을 갖추고 있지만 (어떠한 신사도 열등한 자를 부패시키려 하지 않기 때문입니다.) 아무것도 하지 않고 앉아서 빈둥거리거나 전혀 힘이 들지 않는 보잘것없는 일을 하다 보면 곧 나약해지고 맥이 풀려 버립니다. 그러므로 그들에게 유용한 기술을 가르치고 다른 남자들이 하는 것처럼 힘든 일을 하게 만들면 남자다움을 모조리 상실하는 위험은 막을 수 있을 것입니다. 평화가 그 어느 때보다 중요한 시기에 수많은 평화의 교란자들을 유지하며 전쟁을 준비하는 것이 어째서 공공의 이익이 되는지 이해할 수가 없습니다.

그러나 이것이 사람들로 하여금 도둑질을 하게 하는 유일한 이유는 아닙니다. 당신의 나라에서만 발견되는 독특한 요인들이 존재한다고 나는 생각합니다."

"그렇다면 그 요인들이란 무엇입니까?"

라고 추기경이 물었습니다.

나는 그에게 말했습니다.

"양떼들입니다. 얌전하고 먹이를 조금만 먹고 자라던 유순한 양이 이제는 무서운 식욕을 갖게 되고 사나워져 사람까지 모조리 먹어 치우게 된 것 같습니다. 양떼가 지금 들과 집과 도시, 모든 것을 삼켜 버리고 있습니다. 다시 말씀드리면 최상의, 그리고 가장 값비싼 양모(羊毛)를 생산하는 지방에서는 귀족과 지주, 심지어 성직자와 수도원장까지도 그들의 선조들이나 선임자들이 토지로부터 거둬들이던 수확에 점점 불만을 갖게 되었습니다.

그들은 이미 게으르고 안락한 생활(이것은 사회에 조금도 이익이 되지 않습니다.)만으로는 만족하지 못합니다. 그들은 소유지를 모두 목장으로 바꾸고 아무도 경작을 못하게 해서 사회에 적극적으로 해를 끼치게 되었던 것입니다. 그들은 심지어 집들을 헐어내고 있습니다. 물론 교회만은 제외되었지요. 교회는 양의 우리로 사용하기 위해 남겨놓은 것입니다. 그들은 보호림이나 사냥 금지 구역이 있음에도 불구하고, 아직은 이 땅을 황폐화시키지 않습니다. 대신 주택지의 모든 자취를 파괴하기 시작했으며, 농토를 한 조각도 남기지 않고 황무지로 만들기 시작했습니다.[18]

그 결과 한 명의 욕심꾸러기 탐식가가 차례차례로 그의 고향을 먹어 치

---

18 내란이나 기타의 사변으로 귀족, 지주 또는 대수도원장들의 부담이 커지자, 그들은 이익이 많은 양모 생산에 전력을 기울여 경작지는 물론 주택까지도 목장으로 만들었다.

우고, 모든 농토를 흡수해서 수천 에어커를 울타리 하나로 둘러막아 버립니다. 따라서 수백 명의 농민들이 쫓겨나게 된 것입니다. 농민들은 속임수에 걸려, 또는 협박이 두려워 강제로 소유지를 포기하거나, 학대에 못 견뎌 끝내는 땅을 팔아 치우는 것입니다. 어떠한 수단을 썼든지 이 가엾은 사람들, 남자와 여자, 남편과 아내, 과부와 고아, 어머니와 갓난애는 그들의 모든 고용인(농사를 짓기 위해서는 많은 일손이 필요하다.)과 함께 떠나가지 않으면 안 되는 것입니다.

그들은 정든 집을 떠나야 했으며, 다른 거주지를 찾기 위해 헤매고 있습니다. 세간살이를 팔아 치워서 마련한 적은 돈은 여기저기 유랑하는 동안 모두 날려 버리고 맙니다. 이외에 어쩔 도리가 없지 않습니까? 그래서 어쩔 수 없이 교수형을 당할 도리밖에 없구요. 물론 그들은 방랑하는 비렁뱅이가 될 수도 있지만, 그렇게 되어도 부랑자로 체포됩니다. 그리고는 게으르다는 죄로 감옥에 들어가기 마련입니다. 그들은 일을 간절히 원하지만, 아무도 그들을 고용해 주지 않습니다. 농사 일이 손에 익기는 했지만 경작할 땅이 없는데 농사 일이 무슨 필요가 있겠습니까? 상당히 많은 일손이 필요한 드넓은 땅이라도, 그 땅에 짐승을 방목하는 경우에는 단 한 사람의 양치기 또는 목동으로 충분할 것입니다.

이와 같은 이유로 여러 지방에서 곡식 값이 오르게 마련이지요. 또한 양모 값이 폭등하여 양털을 사다가 집에서 모직물을 짜서 생계를 유지하던 가난한 사람들은 양털을 살 수가 없게 됩니다. 이렇게 더 많은 사람들이 일에서 쫓겨나게 되는 것입니다.

양의 간장을 침범하던 전염병에도 일부의 원인이 있는데, 농토를 목장으로 바꾸기 시작한 직후에 이 전염병이 유행해서 수많은 양이 죽었던 것입니다. 그것은 마치 토지 소유자의 탐욕에 대한 하느님의 처벌처럼 보였습니다. 양 대신 탐욕자들이 전염병에 걸렸어야 마땅하다고 생각될 수 있지요. 그러나 양이 많아진다고 값이 내리지는 않을 것입니다. 양 시장은 엄격한 전매 사업은 아니라 하더라도 적어도 독점 상태에 놓여 있기 때문입니다.

저는 2, 3명의 부자가 거의 대부분의 시장을 지배하고 있다고 보는데, 이 부자들은 자신들이 필요하다고 생각할 때까지 판매할 필요가 없는 사람들이며, 따라서 원하는 값을 받을 때까지 결코 팔지 않습니다. 이것은 또한 다른 가축의 가격도 인상시키는 결과가 되며 특히, 농장의 파괴로 말미암은 여러 가축의 부족과 농업의 일반적 쇠퇴라는 점에서 보아 그렇습니다.

저는 부자들이 양이나 소가 새끼를 낳는 것까지 돌볼 필요는 없다는 점을 말하고 있습니다. 그들은 다른 사람들로부터 비쩍 마른 짐승을 헐값에 사들여 살찌운 다음 많은 이익을 붙여서 되팔기만 하면 되는 것입니다. 나는 이것이 아직껏 현재의 사정을 이해하지 못하도록 만든 이유라고 생각합니다. 아직까지는 단지 그들의 판매 지역에서만 값을 올리고 있을 뿐이니까요. 그러나 그들이 미처 수요에 응하지 못할 만큼 재빨리 다른 지역에서 가축들을 들여온다면 수요는 늘고 공급이 줄어들어, 결국은 모든 지역에서 심각한 부족 현상이 일어날 것입니다.

이와 같이 소수의 탐욕자들은 영국의 목축이 가지고 있는 중요한 자연적 이점을 악용해 국가적 손실을 가져오게 했습니다. 식량값이 비싸져 고용자는 많은 하인을 해고했으며, 해고된 사람들은 어쩔 수 없이 걸인이나 도둑이 되었습니다. 용기 있는 자는 쉽사리 도둑이 되어 버린 것이지요.

사태를 더욱 악화시킨 것은 이 비참한 빈곤을 무색하게 하는 부조리한 사치 풍조였습니다. 귀족들은 말할 것도 없고, 하인이나 직공, 심지어 농업 노동까지도 옷과 음식에 지나친 낭비를 하고 있습니다. 선술집이니 요릿집이니 하는 이름을 내건 유흥 업소를 비롯해서 얼마나 많은 매음굴이 생겼는지 생각해 보십시오. 트럼프 놀이, 주사위 굴리기, 테니스, 볼링, 고리 던지기, 그밖의 도박 행위가 성행하는 것을 보십시오. 이러한 노름으로 인해 사람들은 돈을 물쓰듯이 합니다. 따라서 그들의 마지막은 결국 도둑이 되는 것이지요.

이와 같은 병적인 행위를 근절시키십시오. 농장이나 농촌 촌락을 파괴시킨 자는 누구든 스스로 이를 재건하거나 그렇지 않으면 재건시킬 의사가 있는 사람에게 토지를 양도시키는 법률을 제정하십시오. 소수의 부자들이 시장을 독점하지 못하도록 하고, 공짜로 먹여 살리는 게으름뱅이들의 수를 줄이십시오. 농업과 모직 공업을 부흥시켜 대규모의 실업자 집단, 즉 현재의 도둑만이 아니라 장차 도둑이 될 수밖에 없는 부랑자나 게으른 하인들까지도 포함된 무리들에게 보람되고 유용한 일을 많이 마련해 주도록 하십시오.

이러한 사태를 바로잡기 전까지는 당신이 도둑들에게 정의가 실현되고 있다고 자랑하는 것은 어리석은 짓입니다. 그것은 현실적으로 사회가 소망하고 있는 것에 훨씬 미치지 못하고 표면상으로만 나타나는 정의이기 때문입니다. 이러한 사람들은 나쁜 환경에서 성장하면서 어릴 때부터 타락하기 쉽도록 버려져 왔습니다. 이렇게 자란 그들이 성인이 되어 필연적으로 운명지어진 범죄를 저지를 때, 당신들은 그들을 처벌하기 시작합니다. 다시 말하면, 당신들은 도둑을 만들어 내고 그들이 도둑질을 했다고 처벌하고 있는 것입니다."

제가 말을 마치기 훨씬 전부터 변호사는 대답을 준비해 두었던 것 같습니다. 그는 새로운 대답을 하기보다는 오히려 이미 말한 것을 되풀이하는 형식으로, 즉 남의 말에 일일이 대답하기보다는 요점만 기억하고 있다가 반박하는 형식을 취하고 있었습니다.

그는 말했습니다.

"외국인으로서 정말 훌륭한 말씀을 하셨습니다. 그러나 당신은 이 나라 사정을 정확히 알지 못하고 하시는 말씀입니다. 그 점을 제가 해명해 드리겠습니다. 그리고 마지막으로 저는 당신의 모든 논의를 반박하겠습니다. 이 순서로 말씀드리기로 하겠으며, 내 생각에 당신은 네 가지 점에 있어서……."

이때, 추기경이 그의 말을 가로막으며 다음과 같이 말했습니다.

"그런 식으로 말씀하시는 것을 보니 당신의 대답은 간단할 것 같지가 않군요. 다음에 만날 때까지 그 답변을 연기하십시오. 두 분이 한가하시다면 내일 다시 만나서 이야기하실 수 있지 않습니까? 그런데 라파엘 선생, 저는 당신이 왜 도둑에 대한 극형에 반대하는지, 그리고 어떠한 처벌이 공공의 이익을 위해 더 바람직하다고 생각하는지 묻고 싶군요. 당신도 우리와 마찬가지로 도둑질은 근절되어야 한다고 생각하시는 것 같습니다. 사형에도 불구하고 도둑의 수는 계속 증가하고 있는데, 도대체 어떻게 절도를 근절시킬 수 있으며, 어떠한 방지책이 효과적일까요? 형벌의 경감은 오히려 범죄를 적극적으로 권유하는 것이라고 생각되지 않습니까?"

저는 말했습니다.

"존경하는 추기경님, 약간의 돈을 훔쳤다고 해서 인간의 생명을 빼앗는 것은 공정하지 못한 것 같습니다. 아무리 많은 재산이라도 인간의 생명과는 바꿀 수 없다는 게 제 생각입니다. 만일 돈을 훔쳐서가 아니라 법과 정의를 어겼기 때문에 처벌해야 된다고 말씀하신다면, 이 절대적인 정의라는 것이 절대적으로 공정하지 못한 것이 아니겠습니까? 사실 사소한 불복종에 대해서도 사형으로 처벌하는 독재적인 정권이나 모든 범죄를 동일시하는(다시 말해서 절도와 살인은 완전히 다른 것임에도 불구하고 절도와 살인을 법적으로 구별하지 않는) 스토아적 역설에 근거를 둔 법률에는 아무도 찬성할 수 없을 것입니다.

하느님은 '살인하지 말라.'고 말씀하셨습니다. 약간의 돈을 훔쳤다고 해서 그 생명을 빼앗는 것이 진정 정당화될 수 있을까요? 이 계명이 불법적인 살인에만 적용된다면, 인간이 어떤 형태의 강간, 간통, 위증(僞證)을 마찬가지로 합법화시키는 데 동의할 때, 이는 하느님의 법률보다도 인간의 법률을 더 존중하는 과오가 되지 않을까요? 하느님은 자살하는 것조차 금지한 것을 생각해 볼 때, 인간 상호간에 살육을 막기 위한, 순수하게 인간이 만든 제도에 의해서 어떤 신성한 권위에 의존하지 않고 사형 집행자를 여섯째 계명으로부터 면제시켜 준다면, 이것이 정당하다고 정말로 믿을 수 있을까요? 그렇다면 오히려 특별한 계명은 인간의 법률이 허용하는 한도 내에서만 타당성을 갖는다는 것이 옳지 않습니까? 이러한 경우에 이 원칙은 크게 확대되어서 결국은 모든 생활에 있어서 인간이 하느님의 계명을 어느 정도 편리하게 준수할 것인가를 결정하게 될 것입니다.

모세의 율법(이것은 노예 때문에 제정되었으며 확실히 가혹했습니다. 반면 노예도 반항적이었지만) 밑에서도 절도범은 교수형을 받지 않고 단지 벌금을 물었을 뿐입니다. 인간에 대한 신의 자비심을 나타내는 새로운 섭리가 인간 상호간에 잔인한 행위를 허용하고, 그 범위를 낡은 섭리보다도 더 확대했다고 생각할 수는 없는 일입니다.[19] 그런데 지금까지 말씀드린 것은 도덕적인 입장에서의 반대였습니다. 실제적인 견지에서 보더라도 절도범과

---

19 '새로운 섭리'와 '낡은 섭리'는 《신약성서》와 《구약성서》의 차이, 곧 계율의 종교로서의 유대교와 사랑의 종교로서의 기독교의 차이를 말하는 것이다.

살인자를 똑같은 방법으로 처벌하는 것은 공정하지 않을 뿐 아니라 사회를 위해서도 매우 위험한 것이 명백합니다.

살인에 대한 판결이 절도에 대한 판결보다 무겁지 않다는 것을 절도범이 안다면, 그는 단지 강탈을 하는 데 그치지 않고 사람까지도 살해하게 될 것입니다. 그가 체포된다 하더라도 죄가 더 무거워지지 않고, 또한 살인함으로써 유일한 증거를 없애면 체포될 가능성이 사라질 것이라고 생각할 수도 있기 때문입니다. 그러므로 우리는 절도범을 위협하다가, 사실은 그들로 하여금 죄가 없고 결백한 사람들을 죽이게 만들고 있는 것입니다. 처벌법으로 무엇이 적절한지에 대해서는 심한 형벌을 발견하기보다 좀더 가벼운 처벌 방법을 발견하는 것이 더 쉽다고 생각합니다.

그런데 전문적인 행정관인 로마인들이 오랫동안 만족해 온 제도의 가치를 의심할 이유는 무엇입니까? 아시다시피 그들은 중요 범죄자들에게는 종신 징역형을 언도하여 광산이나 채석장에서 일하도록 했습니다.

그러나 내가 알고 있는 가장 좋은 제도는, 페르시아를 여행할 때 폴릴레리타에[20]라고 알려진 지방에서 본 것입니다. 폴릴레리타에 인들은 잘 조직된 사회제도를 형성하고 있었는데, 페르시아 왕에게 세금을 바쳐야 되는 것 외에는 완전히 자치적이었습니다. 그들은 바다에서 멀리 떨어져 있고,

---

20 폴릴레리타에(polyleritae)는 모어의 조어(造語)로서 polus(많은) 및 leros(난센스)에서 온 말이다. 곧, '전혀 무의미하다' 는 뜻.

사실상 산으로 둘러싸여 있으며, 기름진 국토에서 거두는 수확만으로도 잘 살았기 때문에 외국인과 거의 교역이 없습니다. 국토는 산으로 둘러싸여 있고 왕에게 조공을 바치고 있으므로 외부 침략으로부터 보호되고 있습니다. 이것은 그들이 병역에서 면제되고 있음을 의미하며, 따라서 그들은 호화롭지는 않지만 편안하게 살고, 유명하거나 영광스럽다고는 할 수 없지만 (인접한 나라 사람들을 제외하고는 그들에 대해 들어본 사람들이 없을 것이기 때문입니다) 행복해 합니다.

그런데 그곳에서는 판결을 받은 절도범은 대부분의 다른 국가와 마찬가지로 왕에게가 아니라 그 소유자에게(폴릴레리타에 인들에 의하면 국왕도 절도범 자신과 마찬가지로 훔친 물건에 대해 아무런 소유권이 없습니다.) 훔친 물건을 돌려줘야 합니다. 만일 훔친 물건을 갖고 있지 않으면, 절도범 자신의 재산에서 그만큼을 공제하고 그 나머지 재산은 그대로 가족에게 물려줍니다.

그리고 절도범은 중노동을 선고받습니다. 강도를 제외한 절도범은 감금되거나 수갑을 차지 않으며 매우 자유로운 상태로 공공사업장의 노역에 종사하게 됩니다. 그가 노역을 거부하거나 게으르게 행동한다면 쇠사슬을 채워서 더 이상 게으름을 피우지 못하게 합니다. 그래도 계속 게으름 때는 채찍질을 당하기도 합니다. 만일 열심히 일한다면 그는 결코 나쁜 대우를 받지 않습니다. 그는 매일 저녁 점호를 받아야 하며, 밤에는 감금당합니다. 그러나 오랜 시간 노동한다는 것 외에는 아주 편안한 생활을 합니다.

먹을 것도 충분히 줍니다. 기결수들은 공공사업장에서 일하기 때문에 식량은 국가의 경비로 공급됩니다. 이에 필요한 재원 조달 방법은 지방에 따라 다릅니다. 어떤 지방에서는 기금을 모아서 충당합니다. 이것은 불확실한 방법처럼 보이지만, 실제로는 훨씬 효과적입니다. 그 나라 사람들은 대체로 남을 돕는 일에 인색하지 않기 때문입니다. 다른 지방에서는 이를 위해 일정한 국가 세입을 할당하거나 특별 인두세를 징수합니다. 또 지방에 따라서는 죄수를 공공사업에 종사시키는 대신, 개인 기업에 고용시키는 곳도 있습니다. 죄수의 노동력이 필요하면 누구든지 시장에 가서 일당으로 계약을 하며, 그들은 자유인 노동자에 비해 임금을 낮게 지불합니다. 고용자는 죄수들이 열심히 일하지 않을 경우에는 채찍질을 할 수도 있습니다. 이러한 제도로 말미암아 죄수들은 언제나 일자리를 갖게 되고, 식사가 공급되며, 매일매일 국고에 보탬이 되는 존재입니다.

죄수들은 특별한 색깔의 옷을 입고 있습니다. 그들의 머리는 양쪽 귀 윗쪽만 짧게 깎아내며 한쪽 귀의 끝을 조금 잘라 버립니다. 죄수들의 가족이나 친구는 그들에게 음식이나 규정된 색깔의 옷을 줄 수 있으나 돈을 주거나 또는 그들로부터 돈을 받으면 사형을 받게 됩니다. 어떠한 이유로든 노예(죄수는 보통 이렇게 불립니다)들로부터 돈을 받으면 자유인일지라도 사형을 받으며, 노예가 어떤 종류의 무기에 손을 대도 사형을 받습니다.

노예는 그가 어떤 지역에 속해 있는가를 나타내는 표시를 달고 있는데,

이 표시를 떼거나, 자신의 지역에서 도망치거나 다른 지역에서 온 노예와 이야기를 하면 사형을 받습니다. 도주하는 것과 마찬가지로 도주를 계획하는 것도 사형입니다. 도주 계획에 가담한 노예는 사형에 처하고 자유인의 경우는 노예가 됩니다. 반대로 도주 계획을 사전에 알리는 자유인은 현금 포상을, 노예인 경우는 자유를 얻게 됩니다. 어느 경우든 범죄 계획에 가담했다 하더라도 그 계획을 진행시키는 것보다 포기하고 고발하는 것이 더 안전하다는 것을 알려주기 위해 사면을 받습니다.

지금까지 말한 것이 이 제도의 운영 실태이며, 이 제도는 매우 편리하고 인간적입니다. 범죄 자체에는 엄하지만, 범인의 생명을 구하고 범인을 최대한 선량한 시민이 되도록 이끌고 있습니다. 따라서 범인은 여생을 정직하게 지냄으로써 자신들이 과거에 저지른 잘못을 보상하는 데 바칩니다.

그들이 다시 죄를 범할 위험성은 거의 없기 때문에 일반적으로 장거리 여행객들의 안내인으로 고용됩니다. 여행객들이 통과하는 지역에서 차례로 고용합니다. 아시다시피 노예들은 강도짓을 할 무기가 없습니다. 그들은 무기를 휴대할 수 없으며, 만일 그들이 돈을 가지고 있다가 발각된다면 그것은 그들이 범죄를 저질렀다는 증거가 됩니다. 그리하여 그들이 체포되면 즉각 처벌을 받으며, 체포되지 않는다는 것은 생각조차 할 수 없는 일입니다. 그들은 일반인들과 구별되는 옷을 입고 있기 때문에 나체로 도망치기 전에는 불가능합니다.

물론 그들이 정부를 전복시키려는 음모를 꾸밀 위험은 남아 있습니다.

그러나 전국에 있는 노예들을 선동하지 않고, 어느 한 지역의 노예만으로 그런 대규모의 사건을 꾸밀 수 있겠습니까? 다른 지역의 노예를 선동한다는 것도 절대 불가능합니다. 그들은 다른 지역의 노예들과 음모를 꾸미는 것은 고사하고 그들과 만나서 이야기를 하거나 아침 인사를 나누는 것조차 허용되지 않고 있습니다. 게다가 밀고하면 혜택이 주어진다는 것을 알고 있어서 다른 노예를 함부로 비밀 계획에 합류시키지는 못할 것입니다. 모든 노예는 단지 명령에 복종하고 정부에 올바르게 살겠다는 확신을 주기만 하면 자유를 얻을 수 있는 약간의 희망을 가질 수 있습니다. 매년 많은 노예가 선행(善行)의 보답으로 석방되기 때문입니다."

이 말을 마치고 나서 저는 이 제도가 영국에서 채택되어서는 안 될 이유를 알 수가 없다고 덧붙였습니다. 이 제도는 영국인 변호사가 높이 평가한 소위 '정의'보다 훨씬 좋은 결과를 가져올 것이라고 말했습니다.

이 말을 듣고 우리의 유식한 친구인 변호사는 고개를 저었습니다. 그는 경멸의 미소를 띠며 선언했습니다.

"그러한 제도는 온 국민의 안전을 위험에 빠뜨릴 각오 없이는 영국에서 결코 채택할 수 없을 것입니다."

그는 한마디로 결말을 내버렸습니다. 그리고 사실상 그 자리에 모였던 모든 사람이 그에게 동의했습니다.

이때, 추기경이 자신의 의견을 제시하면서 다음과 같이 말했습니다.

"그것이 효과적일지, 어떨지는 시험해 보기 전에는 무어라 단언하기 어렵습니다. 그러나 국왕이 시험 기간을 두고 사형 집행을 연기했다고 가정합시다. 우선 법률의 힘이 미치지 못하는 비호소(庇護所)의 모든 특권을 폐지한 뒤, 그 결과가 좋으면 이 제도의 항구화는 정당화될 것입니다. 결과가 좋지 못하면 그때 원래의 판결을 집행할 수 있을 것이며, 그것은 지금 집행하는 것과 똑같이 사회에 유익하고 정의로울 것입니다. 반면 큰 피해는 없을 것입니다. 사실 저는 부랑자 역시 이런 방식으로 다루는 것도 좋으리라 생각합니다. 우리는 항상 부랑자에 대한 법률을 제정하고 있지만, 아직까지는 별 효과를 거두지 못하고 있습니다."

제가 말했을 때는 아무도 진지하게 듣지 않던 의견을 추기경이 말하자 모두 열렬히 동의했습니다. 특히 그들은 부랑자 문제에 대해 더욱 민감한 반응을 나타냈습니다. 그것은 추기경이 부랑자에 대한 애기를 첨가했기 때문입니다.

그때, 어떤 사람이 너무 늙거나 너무 게을러서 생계를 잇지 못하는 가난한 사람들에 대한 적절한 국가 시책이 있어야 하지 않느냐고 물었습니다.

"그 문제는 나에게 맡기십시오."

한 신사가 말했습니다.

"그 방법을 말씀드리겠습니다. 사실은 나도 그런 사람들을 보지 않게 되기를 열망하고 있습니다. 저는 그들이 구슬픈 목소리로 노래를 부르며 돈을 달라고 해서 자주 괴로움을 받아 왔습니다. 그러나 그 노래에 감동받아서 한 푼이라도 준 적은 없습니다. 저는 언제나 자발적으로 그들에게 무엇인가 주고 싶다고 느끼지 못했고, 만약 그렇게 느꼈다 하더라도 아무것도 가진 것이 없기 때문에 줄 수가 없었습니다. 그래서 이제 그들은 제가 지나가면 말도 걸지 않고 그저 바라볼 뿐입니다. 쓸모 없는 시간 낭비라는 것을 알게 된 것이죠. 그들은 내가 성직자이기 때문에 자신들을 전혀 도와주지 못하는 것처럼 생각합니다. 자, 나는 걸인들을 베네딕트 수도원에 강제 입단시키는 법률을 제안합니다. 남자는 수사(修士)가 되게 하고, 여자는 수녀가 되게 하는 것입니다."

추기경은 미소 지으며 농담삼아 동의했습니다. 그러자 다른 사람들도 아주 진지한 얼굴로 동의했습니다. 오직 신학을 배운 것이 틀림없는 탁발승 한 사람만이 예외였습니다. 그는 아주 근엄한 사람이었으나 성직자와 수도사들에 대한 풍자가 마음에 들어서 농담을 걸기 시작했습니다.

"아, 그렇게 쉽게 걸인들을 없애지는 못할걸요. 우리들 탁발 수도사들은 어떻게 할 작정입니까?"

수도사가 말했습니다.

그러자 동석자 중 한 사람을 따라온 익살꾼이 대답했습니다.

"그런 것은 걱정할 필요가 없습니다. 부랑자들을 단속해서 유용한 일에 종사시킨다는 추기경의 놀라운 규정을 잊으셨습니까?"

모두들 추기경이 이 말을 어떻게 받아들이는지 확인하려고 주시했습니다. 추기경이 반대의 기색을 보이지 않자, 탁발승을 제외하고는 모두들 이 말을 재미있게 받아들였습니다. 놀라운 일은 아니지만, 탁발승은 이런 냉혹한 풍자를 듣자 자제력을 잃고 함부로 욕을 하기 시작했습니다. 그는 익살꾼을 악마의 자식으로, 그리고 그가 생각해 낼 수 있는 모든 혐오스러운 이름으로 부르고, 성서까지 인용하면서 무섭게 저주를 퍼부었습니다.

이렇게 되자, 익살꾼은 그의 본색을 드러내기 시작했습니다. 그는 때를 만났다고 생각했던 것 같습니다.

"존경하는 스님, 너무 노하지 마십시오. 스님께서는 성서의 '참고 견딤으로써 참 생명을 얻게 될 것이다.' 라는 말씀을 잊으셨습니까?"

"이 사기꾼아! 나는 화내지 않았단 말야."

탁발승이 외쳤습니다.

이것은 그가 한 말 그대로입니다.

"또 내가 화를 냈다 하더라도 조금도 잘못이 아니야. '화는 내되 화로 인하여 죄를 짓지는 말라.' 라는 말이 시편에 있어."

추기경은 조용히 그에게 참으라고 말했습니다.

"저보고 참으라는 말씀입니까?"

그는 되풀이했습니다.

"저의 기질에는 조금도 나쁜 점이 없습니다. 그러한 말을 하게 만든 것은 정당한 열성, 성자들을 노하게 한 것과 마찬가지의 정당한 열성입니다. 시편에는 '당신의 저주가 저를 삼켜 버렸나이다.' 라는 말이 있고, 교회에서 부르는 찬송가에는 이런 것이 있습니다.

하느님의 집으로 향해 가는 엘리샤를 보고

그가 대머리라고 조롱하던 아이들은

여호와의 이름으로 엘리샤가 저주하여 형벌을 받았도다.[21]

저 추악한 익살꾼 바보에게도 똑같은 저주가 있으리라는 것을 나도 말할 수 있습니다."

추기경은 말했습니다.

"자네의 감정이 고상하다는 것은 확실하네. 그러나 바보와 싸워서 자신도 바보가 되지 않도록 하는 것이 행동을 더욱 거룩하게 하는 것이 아닐까 생각하네. 그것이 현명한 행동일 거야."

탁발승은 대답했습니다.

"아닙니다, 추기경님. 그것은 현명한 행동이 아닙니다. 솔로몬보다 더 현명한 사람이 있을까요? 그 솔로몬도 '바보에게 대답할 때는 그의 어리석은 말과 대등한 어리석은 말로 대답하라.'[22]고 말했습니다. 제가 지금 하고 있는 행동은 바로 이런 것입니다. 저는 주의하지 않으면 분명히 빠지게 될

---

21 성(聖) 빅토(1172~1192년 사이에 사망)의 아담 찬미가의 1절. 이것은 카멜파 탁발승단에서 부르던 찬미가인데, 이 승단에서는 구약 시대의 예언자 엘리샤를 승단의 개조로 삼고 있다. 엘리샤가 대머리였다는 고사(故事)에 따라 이 승단의 탁발승들은 머리 한가운데를 둥글게 면도로 밀어 대머리 흉내를 냈다. 엘리샤는 어린이들로부터 대머리라고 놀림을 받았다. 그는 어린이들을 열렬히 저주했기 때문에 어린이들 중 42명이 곰에게 사지가 찢겨 죽었다. ― 〈열왕기 하〉 2장 23, 24절 및 〈누가복음〉 21장 19절 참조.
22 〈잠언〉 26장 5절.

깊은 함정을 그에게 보여 주고 있는 것입니다. 엘리샤의 경우 대머리 한 사람에 대해 조롱하는 자가 42명이었는데도 그의 열성은 그들을 처벌했습니다. 그런데 여기 있는 이 자에게는 더 참혹한 일이 얼마나 일어날지 모르는 것입니다. 한 명의 조롱자가 기독교의 전 탁발승에게 대항하다니. 그것도 탁발승의 대부분은 대머리가 아닙니까? 게다가 탁발승을 조롱하는 것을 금하고 위반하는 자는 파문에 처한다는 교황의 교서가 있습니다."

쉽사리 수습되지 않자, 추기경은 익살꾼에게 물러가 달라는 지시를 한 후, 재치 있게 화제를 바꾸었습니다. 조금 후에 추기경이 자리에서 일어나자 우리는 헤어졌습니다. 추기경이 도움을 청한 사람들과 만나야 했기 때문입니다.

그런데 모어 선생, 제가 너무 지루한 이야기를 한 것 같습니다. 사실 이러한 이야기를 들려 달라고 한 분은 당신뿐이었고, 또한 당신은 주의 깊게 들어주셨기 때문에, 나는 당신이 생략하는 것을 원치 않으신다고 생각했습니다. 어쨌든 이 대화는 당신에게 이러한 사람들의 사고방식을 알려 드리기 위해서 되풀이할 만한 가치가 있다고 생각합니다. 앞서 말한 바와 같이 제가 한 말은 처음에는 모두 경멸을 당했는데, 추기경이 반대하지 않자, 그들은 곧 찬성 쪽으로 달라졌습니다. 추기경에게 아첨하고자, 그들은 심지어 박수 갈채까지 보냈고, 추기경의 식객이 한 제안에도, 다만 위대한 분이 농담삼아 이에 동의했다는 이유만으로 진지하게 받아들였습니다. 그러므로 당신은 궁정에서 사람들이 저의 충고에 어느 정도 귀 기울일 것인지 짐작하실 수 있을 것입니다.

모 어_ 라파엘 선생, 감명 깊게 들었습니다. 당신의 말씀은 지혜와 슬기로 가득 차 있습니다. 게다가 말씀을 듣고 있는 동안, 소년 시절로 돌아간 듯한 느낌을 받았습니다. 추기경에 대한 생생한 추억이 되살아났던 것입니다. 저는 추기경의 집에서 자랐기 때문입니다. 라파엘 선생, 저는 처음부터 당신을 좋아했지만, 당신이 추기경에 대한 기억을 되살려 주셔서 친밀감이 더해지는 것 같습니다.

그러나 저는 아직도 당신이 궁정 생활에 대한 혐오감을 없앨 수 있다면, 당신의 충고는 사회에 매우 유익한 도움이 될 것이라고 생각하고 있습니다. 그러한 충고를 하는 것이 선량한 분으로서 당신의 적극적인 의무라고 생각합니다.

당신은 당신의 친구 플라톤이 '행복한 국가는 철학자가 왕이 되거나, 또는 왕이 철학을 공부하게 될 때 비로소 실현된다.'[23]고 말한 것을 아실 줄 믿습니다. 그런데 철학자들이 왕에게 한마디의 충고를 하는 것조차 꺼린다면 행복한 국가는 언제 이루어질 수 있겠습니까?

라파엘_ 오, 철학자는 그렇게 몰인정하지 않습니다. 그들은 집권자가 그들의 말을 들어만 준다면 즐거이 충고를 할 것입니다. 사실 그들은 이미 저서를 통해 충고를 하고 있습니다. 그리고 플라톤이 한 말도 바로 이러한 것

---

23 플라톤의 《공화국》 5권.

을 의미하는 것이 아니겠습니까? 왕들은 어릴 때부터 나쁜 사상에 깊이 빠져 있기 때문에 그들 자신이 철학자가 되지 않는 한 철학자의 충고를 받아들이지 못한다는 것을(그는 디오니시우스[24]와의 경험을 통해 배웠던 것입니다) 플라톤은 깨달았던 것입니다. 제가 왕에게 현명한 법률을 제정하도록 제의한다면, 또는 그의 마음으로부터 사악한 자들의 더러운 병균을 내쫓도록 노력하라고 말한다면, 저는 곧 축출되거나 바보 취급을 받을 것입니다.

가령 제가 프랑스에서 극비로 진행되는 내각 회의에 참석하고 있다고 가정해 보십시오. 왕 자신이 참석하고 그 테이블 둘레에는 노련한 고문관들이 앉아서 진지하게 다음과 같은 문제들의 해결 방법과 수단을 논의하고 있습니다. 어떻게 하면 왕이 지속적으로 밀라노를 장악하고, 또 나폴리를 다시 탈취할 것인가?[25] 어떻게 하면 왕이 베니스를 정복하여 이탈리아를 완전히 합병할 것인가? 또한 어떻게 하면 플랑드르, 브라반트, 그리고 마지막에는 전 바르간디를 지배할 것인가?

---

24 디오니시우스(기원전 405~367)는 시칠리아 섬 시라쿠사를 다스린 폭군이었다. 만년에는 문학과 예술을 부흥시키고자 학계와 예술계의 대가를 궁정으로 초대하여 환대했다. 플라톤도 이 속에 있었으나, 왕은 플라톤의 이론에 관심이 없어서 시라쿠사 방문 말기에는 그를 노예로 팔아 버리라고 명령했다.

25 루이 12세는 즉위하는 즉시 밀라노 대공(大公)의 칭호를 탈취했다. 1499년 2월 그는 베니스와 조약을 맺고, 그의 군대는 10월 6일 밀라노를 침략했다. 1500년 11월, 그는 옛날 스페인 동북부에 있던 왕국인 아라곤과 나폴리 공동 침략 조약을 맺고, 1501년 8월 4일 점령했다. 1508년 12월에 그는 베니스에 대항하는 교황 율리우스 2세, 막시밀리안 1세, 아라곤의 페르난도의 동맹체인 캄브라이 동맹에 가담하여 1509년 4월 7일 선전 포고를 했다. 1515년에 왕위를 계승한 프랜시스 1세는 즉위하자 2년 전에 프랑스가 빼앗긴 밀라노를 되찾기 위해 이탈리아를 침략하고, 그 해 9월 13일 마리냐노에서 스위스 용병을 물리쳤다.

어떤 고문관은 왕이 필요하다고 생각하는 기간 동안만 효력을 갖도록 베니스 인과 조약을 맺을 것을 제안했습니다. 왕은 베니스 인에게 비밀을 털어놓고 전리품의 일부를 양도합니다. 왕은 후에 그가 원하는 것을 얻었을 때 언제든지 이 전리품의 반환을 요구할 수 있습니다. 다른 사람은 독일 용병을 고용하도록 건의하고 어떤 고문관은 스위스 인을 매수하도록 권합니다. 어떤 고문관은 황금을 바쳐서 신성 로마 제국과 화해하도록 왕에게 권고합니다. 또 어떤 고문관은 아라곤 왕과 사이 좋게 지내도록 하고, 평화의 선물로서 나바르 왕국[26]을 양도하는 것이 왕의 현명한 조치라고 건의합니다.

한편 여섯째 고문관은 카스틸랴 왕을 결혼 동맹의 약속으로 프랑스 진영에 유인하고[27] 그의 몇몇 신하에게는 그들이 지지해 준 보답으로 정기적인 은급을 지불할 것을 제안합니다.

그리고는 가장 곤란한 문제인 영국인에 대해 어떻게 대처할 것인지 논의하게 됩니다. 분명히 제일 먼저 취할 것은 평화회의를 열어 굳은 동맹 조약을 체결하는 것이며, 이 조약은 전적으로 표면적인 것입니다. 다시 말하면 영국인을 친구라고 부르기는 하지만, 그들을 잠재적인 적으로 생각하는 것

---

26 프랑스는 1234년부터 나바르 왕국을 지배하고 있었는데 아라곤 왕이 그 소유권을 주장했다. 1515년 아라곤과 카스틸랴의 왕인 페르난도는 나바르 왕을 자칭하고, 다음 해에는 드디어 스페인 쪽의 나바르 영토를 병합했다.
27 찰스 왕과 루이 12세의 딸과의 약혼을 풍자한 것이다.

입니다. 그러므로 스코틀랜드 인은 영국 인의 조그만 동향에도 즉각 침략을 개시할 준비를 갖추고 항상 경계태세를 취하고 있어야 합니다. 따라서 왕위 계승을 주장하다가 추방된 영국 귀족[28]을 은밀히 격려하는 것이(조약을 맺어 공개적으로 할 수는 없기 때문에) 좋을 듯합니다. 이렇게 하는 것만이 영국 왕을 특별히 견제할 수 있으며, 그렇지 않고서는 영국 왕을 믿지 못할 것입니다.

강력한 온갖 설득력이 동원되고, 이 자리의 모든 훌륭한 고문관이 전쟁을 위한 갖가지 계획을 건의하고 있을 때, 라파엘이 일어나서 정반대의 정책을 제안합니다. 저는 왕에게 이탈리아를 잊어버리고 국내에 머물도록 권고하며 프랑스는 이미 한 사람이 다스리기에는 벅찰 만큼 크기 때문에 왕은 더 이상 영토 확장에 신경쓸 필요가 없다고 말합니다. 그리고 나서 저는 유토피아의 동남쪽에 있는 나라인 아코리이[29]의 역사에서 한 가지 사건을 예로 듭니다.

아코리이 왕은 고대의 혼인 관계를 구실 삼아 다른 왕국에 대한 계승권을 가졌다고 생각했고, 국민은 왕과 더불어 이 왕국을 빼앗기 위해 전쟁을 시작했습니다. 결국 그들은 승리했으나, 그 왕국을 힘들게 빼앗았던 만큼 유지하기도 어렵다는 것을 깨닫게 되었습니다. 내란과 외부의 침입에 대한

---

28 퍼긴 워벡(1474~1499)을 말하는 듯하다. 그는 요크 대공이라고 자처했다. 프랑스 샤를 8세의 지지를 받았고, 스코틀랜드의 제임스 4세와 함께 1496년 9월 영국을 침략했다.
29 아코리이(achorii)는 a(부정어 접두어)와 chora(국가)로 된 말로서 '나라가 아니다' 라는 뜻이다.

공포가 그치지 않았습니다. 그들은 새로운 국민을 위해서, 또는 그들과 대항해서 언제나 싸워야만 했습니다.

그들은 동원을 해제할 기회를 전혀 가질 수 없었으며, 결국에는 파멸에 이르게 되었습니다. 국민의 돈은 모조리 국외로 유출되고, 국민은 한 사람의 작은 야망을 채워주기 위해 생명을 잃고 있었습니다. 국내의 사정도 전쟁 때보다 좋지 못했으며, 전쟁은 도덕을 타락시켜 살인과 절도가 여기저기에서 일어났습니다.

왕의 관심이 두 왕국으로 흩어져 있어서 왕은 어느 한 왕국도 잘 다스릴 수가 없었으므로 준법정신은 전혀 없었습니다. 아코리이 인들은 그들이 어떤 결단을 내리지 않으면 이 절망적인 사태는 끝없이 계속될 것임을 깨닫고, 드디어 행동의 방향을 결정하고 아주 공손하게 왕에게 어느 왕국을 다스리기를 바라는지 물었습니다.

그들은 설명했습니다.

"폐하는 두 왕국을 다 유지하실 수는 없습니다. 폐하가 관심을 둘로 나누어서 통치하기에는 국민이 너무 많습니다. 저희들이 설사 노새떼라 하더라도 저희들을 뒤쫓는 데만도 하루 해가 다 저물 것입니다."

그래서 전형적인 군주는 하는 수 없이 새 왕국을 그의 친구에게 양도하고(그의 친구는 곧 축출당했습니다), 옛 왕국만을 다스리기로 했습니다.

그리고 저는 프랑스 왕에게 전쟁을 일으켜 다른 나라에 혼란을 일으킨다면, 결국은 자기 자신을 파멸시키고 국민을 절망에 빠뜨리게 된다고 이야기했습니다. 그러므로 저는 왕에게 조상이 물려준 왕국에 온 힘을 기울여서 가능한 한 아름답고 잘사는 나라로 만들고, 국민을 사랑하며, 그들로부터 사랑을 받고, 그들과 함께 행복하게 살 수 있을 만큼 충분히 국토를 차지하고 있으니 모든 영토 확장 계획을 포기하도록 권고합니다.

그러면 모어 선생, 귀하는 왕이 저의 권고에 따를 것이라고 생각하십니까?

모 어 _ 아닙니다. 그렇지 않다는 것을 인정할 수밖에 없군요.

라파엘 _ 그렇다면 또 다른 경우를 상상해 봅시다. 어떤 왕의 재정 고문관들이 왕의 금고를 채우기 위한 방안을 논의하고 있다고 합시다. 어떤 고문관은 왕이 지출해야 할 경우는 화폐 가치를 인상하고,[30] 징수할 때는 화폐 가치를 형편없이 인하할 것을 건의합니다. 이렇게 하면 왕의 수입은 증가하고, 왕의 부채는 감소되는 결과가 됩니다. 다른 고문관은 왕이 전쟁 준비를 하는 것처럼 꾸며야 한다고 건의합니다.[31] 그러면 특별세를 징수할 구실이 생깁니다. 그리고 얼마 후, 때를 맞춰 평화조약을 맺고 공포하는 한편, 국민을 위하여 유혈을 막아냈다는 훌륭한 지배자로 군림하는 것입니다.

또 어떤 고문관은 왕에게 오랫동안 잊혀져 있던 법률(아무도 이러한 법률

---

30 에드워드 4세와 헨리 7세는 화폐 가치를 평가 절상(切上)했는데, 전자는 외국의 금화와 경쟁하기 위해서였고, 후자는 대륙 화폐의 평가 절하로 말미암아 영국 화폐가 유럽으로 유출되는 것을 방지하기 위해서였다. 왕실 경비를 충당할 목적으로 영국 국민으로부터 돈을 거둬들이기 위해서 영국 주화의 평가 절하를 한 것은 1554년부터였다.
31 헨리 7세가 1492년에 프랑스와의 전쟁을 위해 특별세를 징수했던 것을 말한다. 그 해 11월 3일 에타플 조약으로 평화가 회복되었는데, 이 조약은 샤를 8세가 매년 5만 프랑을 영국 왕에게 지불하도록 되어 있다.

이 있다는 것을 모르기 때문에 누구나 위반하고 있는 것입니다.)을 들춰내 위반자에게 벌금을 징수할 것을 주장합니다. 그것은 도덕적 의미에서나 재정적 의미에서 왕에 대한 신임을 굳게 해줄 것입니다. 왜냐하면 정의라는 미명 아래에서 운영될 수 있기 때문입니다. 또 다른 고문관은 왕에게 위반죄, 특히 가장 반사회적인 형태의 범죄에 대해 무거운 벌금을 부과하는 법률을 제정할 것을 권고합니다.

그 다음에 왕은 이 법률에 불편을 느끼는 자에게는 언제든지 면죄증을 판매합니다. 그러면 일반 서민들 사이에서 왕의 인기가 높아지며 수입이 이중으로 늘게 됩니다. 첫째로 왕의 계략에 빠진 폭리배들로부터 벌금을 징수하게 되고, 둘째로 특별 면죄의 대가로 지불되는 돈을 받게 될 것이기 때문입니다. 물론 이 특별 면죄의 가격은 왕의 도덕심에 따라 변할 것입니다. 왕의 양심이 고귀할수록 왕은 공공 이익에 해를 끼칠 자는 누구든지 용서하지 않으려고 할 것이므로 당연히 면죄의 가격은 높아질 것입니다.

또 어떤 고문관은 왕에게 판사들을 장악하여 판사들이 항상 왕에게 유리한 판단을 내리도록 할 것을 건의합니다. 또한 왕은 판사들을 초대해서 왕의 법적 위치에 대해 협의합니다. 왕이 아주 명백히 잘못했을 경우라 할지라도 판사들 중 누군가는 정의를 패배시키는 데 사용될 구실을 찾아낼 것이 분명합니다. 이와 같은 행동을 하는 판사의 동기야 어쨌든 간에 (반박을 하고 싶은 정열 때문이든, 왕에 대한 명백하고 단순한 아첨을 싫어해서든 간에) 그 결과는 마찬가지입니다.

곧 모든 판사들이 서로 다른 의견을 내세우게 되어, 아주 명백한 사건이 의심스럽게 되고, 가장 단순한 사실이 복잡하게 됩니다. 이렇게 되면 왕은 법을 자신의 이익에 맞춰 해석할 좋은 기회를 갖게 될 것입니다. 다른 사람들은 공포나 겸손 때문에 이에 동의할 것이며, 결국 판사석에서는 대담해져서 이 해석에 따라 선고를 하게 될 것입니다. 요컨대 왕에게 유리한 판결을 정당화하는 방식은 얼마든지 있는 것입니다. 관습법에 의하거나, 법률의 문구에 의하거나, 그 의미를 약간 왜곡하거나, 급기야는 지상의 어떤 법보다도 더 존중하는 원칙인 신성한 왕의 대권에 판결을 맡겨 버리는 것입니다.

크라수스의 이론[32], 곧 군대를 유지하려면 아무리 많은 돈을 소유하더라도 충분하지 못하다는 이론에 대해 모두가 찬성하고 있습니다. 또한 그 나라의 모든 국민을 포함해서 만물이 왕의 소유이므로 왕이 아무리 많은 것을 원하더라도 결코 잘못을 범하는 것이 아니며, 또한 왕이 자비로워서 차압을 하지 않는 경우[33]를 제외하고는 사유재산이란 인정할 수 없다는 데

---

32 크라수스(기원전 53년 사망)는 폼페이 및 시저와 함께 제1차 삼두정치(三頭政治)의 멤버였다. 그는 대담한 재정가로, 불이 나서 타고 있을 때, 또는 방화한다고 위협해 집을 싸게 사들여 막대한 재산을 모았고, 로마의 대부분을 소유하게 되었다. 여기서 그의 '이론'이라고 한 것은 플리니가 《자연철학》에 쓴 다음과 같은 구절에 의거한 것 같다. "M. 우즈크라수스는 연간 수입으로 군단을 유지하지 못하는 자는 부자라고 할 수 없다고 말하곤 하였다."

33 1504년에 모어는 젊은 대의사(代議士)로서 약 9만 파운드를 달라는 헨리 7세의 요구를 좌절시켜 왕의 미움을 샀다. 그 후 왕은 모어에게 보복했는데, 왕은 모어의 아버지에게 죄를 뒤집어씌워 런던탑에 가두고, 100파운드의 벌금을 물린 다음에야 석방했다.

도 대개 동의하고 있습니다.

국민이 너무 많은 재산이나 자유를 갖지 못해야만 왕의 신변이 보장되기 때문에, 왕은 언제나 이러한 잠재적인 사유재산을 최소한으로 줄여야 하며, 반대로 가난과 결핍은 국민을 어리석고 힘이 없게 만들고, 반역하려는 마음을 먹지 못하게 합니다. 이때 저는 다시 일어나서, 왕의 특권과 안전은 왕 자신의 재산이 아니라 오히려 국민들의 재산에 달려 있기 때문에, 왕이 고문관들의 말대로 따르는 것은 가장 어리석은 짓이며, 또한 가장 부도덕하다고 말합니다.

"폐하는 국민들이 왜 폐하를 왕으로 추대했다고 생각하십니까?"

저는 왕에게 이렇게 질문합니다.

"폐하를 위해서가 아니라 그들 자신을 위해서입니다. 그들은 폐하가 온 힘을 기울여 그들의 생활을 편안하게 해 주고, 그들을 부정으로부터 보호해 주기를 원했기 때문입니다. 그러므로 폐하의 사명은 폐하 자신이 아니라 백성을 행복하게 해 주는 것입니다. 양치는 사람의 임무가 그 자신이 아니라 양을 먹이는 데 있는 것과 같습니다.

평화는 국민을 가난하게 만들어야만 가장 잘 이루어진다는 이론은 사실과는 완전히 틀립니다. 거지들은 사회의 가장 말썽 많은 족속입니다. 현재의 생활 조건에 불평하는 자들이야말로 혁명을 일으키기 쉬운 자들이 아니겠습니까? 아무것도 잃을 것이 없는 자들이야말로 자기의 이익을 얻기 위해서 모든 것을 전복하려는 강한 충동을 느끼게 되는 것입니다.

만일 왕이 국민을 복종시킬 목적으로 폭력과 착취와 압수를 강행하여 인민을 가난하게 만들어 미움과 멸시를 받고 있다면, 그 왕은 차라리 물러나는 것이 현명할 것입니다. 이러한 상태에서 왕위에 머물러 있으면, 칭호는 그대로 있지만 왕의 존엄성은 사라집니다. 거지의 나라를 다스리면서 존엄성을 요구할 수는 없습니다.

참된 존엄성은 풍요하고 번영하는 자들을 다스리는 데에 존재하는 것입니다. 존경할 만한 인물인 파부리시우스[34]가 그 자신이 부자가 되기보다는 오히려 부자를 다스리겠다고 말했음은 바로 이러한 것을 의미하고 있습니다. 주위의 모든 사람들이 불평과 절망에 싸여 있을 때, 사치스러운 생활을 즐기는 자를 왕이라고 부를 수는 없습니다. 오히려 교도관에 가깝습니다.

요컨대 다른 병을 발생키지 않고는 질병을 고치지 못하는 의사가 돌팔이 의사이듯이, 생활 수준을 낮추지 않고서는 범죄를 억제하지 못하는 왕은 자유인을 다스리는 방법을 알지 못한다는 것을 스스로 인정해야 당연합니다. 그는 자신이 가진 사악한 것 중의 하나(그의 자만심이든 또는 게으름이든, 왜냐하면 이것은 왕이 증오를 하거나 경멸하기 쉽게 하는 결점이기 때문입니다)를 억제하는 일부터 배워야 할 것입니다. 왕은 남에게 폐를 끼치지

---

34 파부리시우스(기원전 3세기 초)는 고상하고 사치를 경멸한 사람으로 유명하다. 그는 로마의 집정관이었다.

말고 자신의 재산만으로 살아야 하며, 수입과 지출의 균형을 맞추어야 합니다.

왕은 건전한 통치로 범죄 예방에 힘써야 하며, 범죄의 발생을 방치한 뒤 처벌하기 시작해서는 안 됩니다. 왕은 오랫동안 무시되었던 법률의 실시를(특히 인민이 그러한 법률 없이도 잘 지내고 있을 경우에는) 삼가야 합니다. 그리고 왕은 벌금 징수의 구실로 범죄를 만들어 내서는 안 됩니다. 어떠한 사람에게도 그와 같이 부당한 처사를 가하지 못하도록 해야 할 것입니다.”

이제 저는 유토피아에서 멀지 않은 나라인 마카렌세스[35]에서 채택하고 있는 제도에 대해 말합니다. 그곳에서 왕은 즉위식 때, 금(또는 이에 상당하는 은)으로 1000파운드 이상은 자신의 금고에 결코 보관하지 않겠다는 엄숙한 서약을 합니다. 이 제도는 국가의 복지를 그 자신의 복지보다 더 신경을 써 온 훌륭한 선왕에 의해 이루어졌음이 분명합니다.

그 왕은 이러한 제도가 국민이 빈곤해질 정도로 왕의 재산이 증대되는 것을 방지할 것이라고 생각했으며, 또 그 정도의 금액으로도 충분히 혁명을 진압하고 침략을 격퇴할 수 있지만, 왕이 외국 침략을 획책하는 데에는 충분치 못할 것이라고 생각했기 때문에 특정한 금액을 정해 놓았던 것입니다. 이것이 그의 주된 목적이기는 했으나 유일한 목적은 아니었습니다. 그

---

35 마카렌세스(makarenses)는 maka(행복한)에서 온 말. '행복의 나라' 라는 뜻이다.

는 이러한 제도가 교환(交換)이라는 통상의 목적을 위해 돈이 충분히 유통될 수가 있고, 왕은 법정 한도를 초과하는 자본의 보유가 허용되지 않기 때문에 왕이 불합리하게 화폐를 인상할 생각을 갖지 못하리라고 믿었던 것입니다.

이제 당신은 악인이 겁내며 선인이 사랑하는 왕의 예를 알았습니다. 그러나 만일 이와 반대되는 견해를 취하기로 굳게 결심한 사람들에게 제가 이러한 말을 한다면, 당신은 그들이 내 말을 듣고 어떤 태도를 취하리라고 생각하십니까?

모 어_ 물론 그들은 반대할 것입니다. 그러나 저는 그들을 비난할 수도 없습니다. 솔직히 말해서 나는 왜 그런 말을 해야 하는지, 귀하도 알다시피 그들이 결코 받아들일 수 없는 충고를 왜 하는지, 그 점을 이해할 수 없습니다. 그러한 말이 무슨 소용이 있을 수 있겠습니까? 그들이 골수에 사무친 편견과 반대되는, 전혀 알 수 없는 사상을 받아 주리라는 것을 어떻게 바랄 수 있겠습니까? 그러한 종류의 이야기는 사적인 대화에서는 매우 재미있겠지만, 주요 정책이 결정되는 내각 회의에서는 그러한 철학적 사색은 전혀 어울리지 않습니다.

라파엘_ 그것이 바로 제가 말하려고 했던 것입니다. 궁정에는 철학이 파고들 여지가 없습니다.

모 어_ 현실을 고려하지 않은 학문들은 들어갈 여지가 없다는 것이 확실합니다. 그러나 융통성 있는, 공정에 적합하려고 노력하고, 당장의 실행에서 적절한 역할을 하는 더욱 실용적인 철학이 있습니다. 당신이 행사해야 할 철학은 바로 이러한 것입니다. 그렇지 않으면 많은 노예들이 광대짓을 하는 플라우투스[36]의 희극을 중단시키고, 철학자의 옷을 입고 갑자기 등장하여 세네카와 네로가 논쟁을 하는 《옥타비아》의 한 장면[37]을 암송하는 격이 될 것입니다. 전혀 다른 연극의 대사를 삽입해서 희극도 비극도 아닌 것으로 만드는 것보다는 잠자코 있는 편이 좋지 않겠습니까?

비록 귀하의 노력으로 이전보다는 나아졌다 하더라도 결과적으로는 조화를 잃게 되어 연극 전체가 엉망이 되어 버리기 때문입니다. 그러므로 귀하는 가능한 한 현재의 작품이 성공하도록 최선을 다해야 합니다. 귀하가 좋다고 생각하는 다른 연극이 우연히 생각났다는 이유만으로, 연극 전체를 망쳐서는 안 됩니다.

이와 같은 이론이 정치와 궁정 생활에도 적용됩니다. 당신이 좋지 않은 습관을 완전히 뿌리뽑지 못하고, 뿌리 깊은 사악을 효과적으로 제어하지 못한다 하더라도, 그것이 당신이 공공 생활에 완전히 등을 돌리는 이유가 될 수는 없습니다. 당신은 바람을 억제할 수 없다는 이유만으로 폭풍우 속에서 배를 버리지는 못할 것입니다.

한편 당신은 새로운 계획을 완전하게 수행하려고 애쓸 필요는 없습니다.

---

36 플라우투스(기원전 251~184)는 고대 그리스의 희극 작가.
37 《옥타비아》에 나오는 것으로, 네로에게 잔인한 폭군이 아니라 선량한 군주가 되라고 설득하는 세네카의 8행시를 말한다. 《옥타비아》는 세네카의 작품으로 알려진 비극.

이러한 계획에 대해 편견을 갖고 있는 사람들은 그것을 그다지 중요하게 여기지 않습니다. 당신은 오로지 간접적인 활동을 해야 합니다. 가능한 한 모든 일을 요령껏 다루고, 당신이 바로잡을 수 없는 일에 대해서는 그 사악한 점을 되도록 줄이기 위해 노력해야 합니다. 인간이 완전해질 때까지 세상은 결코 완전해지지 않을 것입니다. 인간이 완전해진다는 것은 참으로 멀게만 느껴집니다.

라파엘 _ 그런 수단을 통해 얻어지는 이익이란 미친 사람들을 고치러 다니다가 그처럼 미쳐 버리는 것이겠지요. 그러나 제가 사실을 말해야 한다면, 저는 당신이 반대할 일을 말하지 않을 수 없을 것입니다. 철학자가 거짓말을 하는 것이 옳은지 그른지는 모르지만, 확실한 것은 저는 거짓말을 할 수 없다는 사실입니다. 게다가 비록 그들이 제가 말한 것 때문에 당황한다고 하더라도 저는 제가 말한 것을 정상으로부터 벗어난 환상이라고 생각해야 할 이유를 모르겠습니다.

저는 플라톤의 상상적인 '공화국'이나, 오늘날의 유토피아에서 채택하고 있는 제도를 권고하려는 것은 아닙니다. 확실히 그것은 우리들의 제도보다 더 훌륭하기는 하지만, 그 제도는 사유재산 대신에 공동 소유제도에 근거를 두고 있으므로, 그들에게는 매우 놀라운 것입니다.

물론 그들은 저의 제안을 좋게 여기지는 않을 것입니다. 그들은 어떤 실제적인 행동에만 희망을 걸어 왔기 때문에, 그 앞에 가로놓여 있는 위험을 지적하고 모든 일을 중단하라고 말하면 자연히 반박할 것입니다. 그러나 이러한 일은 덮어 두기로 하고, 말할 수도 없고 또 말해서는 안 되는 것을 말하지 말라는 이유는 무엇입니까? 만일 우리가 우습게 보일 것이 두려워서 우리의 관습에 어긋난다고 간주되는 것은 무엇이든 결코 말해서는 안 된다고 한다면, 우리는 기독교 국가에 있어서도 실제로 그리스도가 가르친 모든 것을 들춰내지도 말아야 할 것입니다.

그러나 그것은 그리스도가 전혀 원하지 않았던 것입니다. 그리스도는 제자들에게 그리스도가 그들의 귀에 속삭인 모든 것을 지붕 위에서 선포해야 한다고 말하지 않았습니까?[38] 그런데 그리스도의 가르침의 대부분은 내가 건의한 어떤 것보다도 더 요즈음의 관습에 어긋나는 것입니다. 그리스도의 가르침을 교묘한 선교사들이 당신들의 귀고에 따라서 수정하지 않는 한 현실에 맞지 않는 것입니다. 이 설교자들은 틀림없이 이렇게 이야기할 것입니다.

'우리는 인간의 행동을 기독교 윤리에 일치시켜서는 안 되고, 기독교 윤리를 인간의 행동에 맞추도록 합시다. 그러면 적어도 인간의 행동과 기독교 윤리 사이에는 약간의 부합되는 점이 있을 것입니다.'

그러나 저는 그들의 선행을 보지 못했습니다. 그들은 단지 사람들로 하여금 명백한 양심을 갖고 죄를 짓도록 만들었을 뿐입니다. 그리고 제가 내

---

38 〈누가복음〉 12장 3절—그러므로 너희가 어두운 데서 한 말을 밝은 데서 듣게 되며 골방에서 귀에 대고 속삭인 말이 지붕 위에서 선포될 것이다.

각 회의에서 할 수 있는 것도 이와 비슷한 일들 뿐입니다. 왜냐하면 저는 동료들에게 반대 투표를 하거나 찬성 투표를 해야만 하는데, 어느 경우이든 테렌스의 미시오[39]처럼 저는 미쳐 버리거나 따돌림을 당하게 될 것이기 때문입니다.

간접적인 활동을 하고 사태를 바로잡을 수 없을 때는 요령껏 처신하여 최대한 사태의 악화를 막으라는 데 대해서 저는 이해할 수가 없습니다. 궁정에서는 자신의 의견을 숨기거나, 다른 사람들의 범죄를 모른 척하는 것은 불가능합니다. 당신은 반드시 보잘것없는 정책을 공개적으로 찬성하고 아주 추악한 결정에도 동의해야 합니다. 사악한 법률에 대해 충분히 열성을 보이지 않는다면, 당신은 스파이나 심지어 배반자 취급을 받을 것입니다. 그러한 동료들과 함께 일하면서 당신은 훌륭한 일을 할 수 있는 어떤 기회를 얻은 적이 있다고 생각하십니까? 당신은 결코 그들을 올바르게 고치지는 못할 것입니다. 당신이 아무리 훌륭한 성품을 지녔다 하더라도 그들이 당신을 부패시키는 것이 훨씬 쉬운 일입니다. 그들과 관련을 맺음으로써 당신의 순수한 본성을 상실하거나 그들의 우매함과 간악함을 옹호하기에 바쁘실 것입니다. 당신이 말한 간접적 수단의 실제적 결과는 이렇습니다.

---

39 고대 그리스의 희극 작가인 테렌스(기원전 185~199)의 희곡 《형제들》에 '미시오'라는 인물이 등장한다.

플라톤은 현명한 사람이 왜 정치에 관여하면 안 되는지 재미있는 비유[40]를 들어 설명하고 있습니다. 많은 사람들이 비가 쏟아지는 거리로 뛰어나가 흠뻑 젖는 것을 어떤 현인이 지켜보고 있습니다. 그 현인은 집 안에 머물러 있기 때문에 비를 맞지 말라고 그들을 설득할 수가 없습니다. 그는 자신도 밖으로 나가면 그들과 마찬가지로 젖게 되리라는 걸 알고 있습니다. 그러므로 그 자신은 집 안에 머무르면서 다른 사람의 어리석음에 손을 쓸 수 없으므로, 그저 '내 생각이 옳다.'라고 위안을 할 뿐입니다.

그러나 모어 선생, 솔직히 말씀드리면 사유재산이 허용되고 모든 것이 돈의 존재에 의해 평가되는 사회에서는 당신은 진정한 정의나 번영을 결코 실현시킬 수 없습니다. 가장 사악한 사람들이 최상의 생활을 누리는 것을 공정하다고 생각하거나, 또는 모든 재산이 극소수의 사람(그렇다고 그들이 진정으로 행복한 것은 아니지만 그들 이외의 사람들은 모두 비참할 뿐이다)에 의해 독점되고 있는 나라를 번영하고 있다고 부를 용의가 없다면……

적은 법률로써 만사를 효율적으로 다스리고 개인적인 공적을 만인의 균등한 번영과 더불어 인정하는 유토피아의 공정하고 올바른 제도에 비추어, 수많은 자본주의 국가는 항상 새로운 법률을 제정하면서도 결코 잘 다스려지지 않고 또한 매일 많은 법률이 통과됨에도 불구하고 아직도 소위 사유재산을 벌거나, 지키거나, 또는 안전한가를 확인하기 위하여 무한정한 소

---

40 모어의 비유는 플라톤이 《공화국》 6권에서 한 비유를 대담하게 개작한 것이다.

송 사건이 끊임없이 일어나고 있습니다.

이러한 자본주의 국가를 생각해 볼 때, 저는 더욱더 플라톤에게 공감하게 되며, 평등의 원리를 거부한 도시[41]를 위한 입법에 대해 거부한 것에 놀라지 않을 수 없습니다. 그와 같이 훌륭한 지성인에게는 건전한 사회의 필수적 요건은 재산의 균등한 분배(이것은 자본주의 밑에서는 불가능하다고 생각합니다)라는 점이 너무나 명백했던 것입니다. 개개인의 능력에 따라 얼마든지 재산을 차지할 수 있다고 할 때, 모든 이용 가능한 재산이 아무리 많다 하더라도 반드시 소수자의 수중에 들어가게 마련이다. 이것은 그들 이외의 사람들은 어느 누구나 몰락한다는 것을 의미합니다. 그리고 부(富)는 악한 사람에게 소유되기 쉬울 것입니다.

부자는 탐욕스럽고 몰염치하며, 전혀 쓸모없는 인간들이며, 가난한 자는 소박하고 겸손하여 매일매일 자기 자신보다 사회에 훨씬 이바지할 것이기 때문입니다.

다시 말하면, 나는 사유재산을 폐지하지 않는 한, 귀하는 결코 공평한 재산 분배나 인간 생활의 참된 행복을 실현시킬 수 없으리라고 확신합니다.

사유재산이 존재하는 한 인류의 대부분의 사람들은 빈곤과 수난과 고통에 허덕이며 고생을 할 수밖에 없을 것입니다. 이 짐을 약간 가볍게 할 수

---

41 기원전 370년에 건설된 아르카디아의 메갈로폴리스를 말한다. 플라톤은 이 도시의 헌법 기초를 부탁받았지만, 시민들이 평등을 반대했기 때문에 이를 거절했다. 디오게네스 래티모어가 쓴 플라톤의 일대기에서 플라톤이 경험한 일을 인용한 것이다.

있는 방법이 있다고 저도 시인하지만 그 짐을 완전히 제거할 수는 없을 것입니다. 물론 당신은 한 개인이 소유할 수 있는 돈이나 토지의 한도를 법으로 규정할 수 있을 것이며, 적절한 입법에 의해 왕과 인민의 권고를 규정할 수 있을 것입니다. 또 공직의 매수는 물론 지원하는 것조차도 불법화하고, 국가 공무권은 자신의 재산을 쓰지 못하도록(그렇지 않으면 그 공무원은 속임수와 공갈 협박으로 자신의 손실을 메우려 할 것이며, 또한 능력이 아니라 재산이 그러한 직책의 필수 자격이 될 것입니다) 규정할 수 있을 것입니다.

이러한 법률은 분명히 상황을 완화시킬 수 있을지 모르지만(마치 만성병 환자가 끊임없는 투약으로 약간 회복된 것처럼), 사유재산이 존재하는 한 완치되지는 않습니다. 당신이 국가의 한 부분에서 발생한 걱정거리를 해결하려고 한다면, 그것은 단지 다른 부분의 증상을 악화시키는 데 그칠 것입니다. 어떤 사람에게 약이 되는 것도 다른 사람에게는 독이 될 수 있습니다. 다시 말해 피터로부터 강탈을 하지 않고서는 폴에게 지불할 수가 없기 때문입니다.

모 어 _ 저는 동의할 수 없습니다. 저는 당신이 공동 소유 체제하에서 상당한 생활 수준을 유지하게 되리라고 생각지 않습니다. 아무도 착실히 일하려 하지 않을 것이므로 항상 부족한 상태에 놓이게 될 것입니다.

이익되는 어떤 목적이 없으면 누구나 나태해져서 다른 사람이 자신을 위해 일해 주기를 바라게 됩니다. 그래서 물자가 실제로 부족할 때는 연속적인 살인과 난동이 불가피하게 일어나는 것입니다. 자신의 노동으로 얻은 것을 지켜줄 법률이 없기 때문입니다. 특히 계급이 없는 사회에서는 권위에 대한 어떠한 존엄성도 없습니다.

라파엘 _ 당신은 그런 사회가 어떤 모습일지 잘 모르기 때문에 그렇게 생각하시는 것이 당연합니다. 그러나 만일 당신이 저처럼 유토피아에 가서 직접 그 나라를 보았더라면(아시다시피 나는 5년 이상을 그 나라에서 살았으며, 그곳을 떠난 이유도 신세계에 대해 여기 사람들에게 말해 주고 싶었기 때문입니다) 당신은 누구보다도 먼저 그와 같이 훌륭한 제도를 가진 나라를 본 적이 없다는 것을 인정하셨을 것입니다.

피 터 _ 미안하지만, 저는 신세계가 구세계보다 더 좋은 제도를 가졌다는 것을 믿기 어렵군요. 저는 우리도 그들과 마찬가지로 지혜로우며, 우리의 문화가 더 전통이 깊다고 생각합니다. 그러므로 구세계는 오랜 경험의 결실이며, 따라서 우리는 생활을 더욱 편안하게 하는 모든 수단을 창안해 냈다고 저는 생각합니다.

라파엘 _ 그 나라의 역사책들을 읽었더라면 귀하는 그들의 문화가 얼마나 오래 되었는지를 더 잘 알 수 있었을 것입니다. 이 역사책들을 믿어 주신다면, 구세계에서 인간 생활이 시작되기 이전부터 신세계에는 도시가 있었습니다. 또 귀하가 말씀하신 지혜로움이나 우연한 발견을 우리가 독점하고 있다고 생각해야 할 이유는 없습니다.

우리가 그들보다 더 현명하든, 그렇지 않든, 열성과 근면이라는 점에 있어서 그들은 우리보다 훨씬 앞서 있다고 확신합니다. 그들의 기록에 의

하면 소위 적도피안 인(그들은 우리를 이렇게 부릅니다)이라고 하는 우리가 그곳에 상륙하기 전까지는 전혀 접촉이 없었습니다. 그러나 단 한 번의 예외가 있었습니다. 1200년 전에 배가 폭풍우로 항로를 잃어 유토피아 해안에서 난파했습니다. 소수의 생존자가 해안으로 헤엄쳐 왔습니다. 이 중에는 로마 인과 이집트 인도 있었는데, 그들은 그 나라에 정착해 버렸습니다.

다음 이야기를 들으면 그들이 기회를 얼마나 잘 이용하였는지 알게 될 것입니다. 원주민들은 생존자들로부터 배우거나 생존자의 말을 듣고 스스로 연구를 거듭하여 로마 제국에서 사용되는 유용한 기술을 모조리 배웠습니다. 그들은 우리 세계와의 단 한 번의 접촉을 통해 모든 것을 배운 것입니다. 똑같은 예로 한 명의 유토피아 인이 우리 땅에 왔다면, 제가 유토피아에 가 본 적이 있다는 사실을 사람들이 잊어버린 것처럼, 우리는 그의 존재를 완전히 잊어버릴 것입니다.

다른 문명을 처음 접한 그들은 즉시 유럽의 고도 문명을 모두 받아들였습니다. 그러나 저는 우리가 우리보다 훌륭한 그들의 제도를 그들처럼 그렇게 빨리 받아들이리라고는 생각지 않습니다. 저는 그들이 우리와 마찬가지의 자연 자원을 가지고 정치적 · 경제적으로 훨씬 앞서게 된 주요 원인은 바로 그런 점에 있다고 생각합니다.

모 어_ 그렇다면 라파엘 선생, 문제의 섬에 대해 좀더 들려주십시오. 너무 간단히 요약해서 말씀하실 생각은 마십시오. 지리적 · 사회적 · 정치적 및 법적…… 모든 관점에서 그 섬에 대해 자세히 설명해 주십시오. 당신이 생각하기에 진정 우리가 알고 싶어하는 것, 곧 우리가 알지 못하는 모든 것을 들려주십시오.

라파엘 _ 그것보다 더 즐거운 일은 없을 것입니다. 모든 일을 아주 생생히 기억하니까요. 그러나 꽤 오랜 시간이 걸릴 것입니다.

모 어 _ 그럼, 우선 점심 식사를 합시다. 식사 후에 그 이야기를 듣도록 합시다.

라파엘 _ 그럼, 그렇게 하죠.

그래서 우리는 숙소로 들어가 점심을 먹었다. 식사 후에 우리는 같은 장소로 돌아와 같은 벤치에 앉았다. 그리고 하인에게 아무도 들여보내지 말라고 일러두었다. 피터 자일즈와 나는 라파엘에게 약속한 대로 자세히 말해 달라고 부탁했다. 우리가 진정으로 듣고 싶어한다는 것을 알고, 그는 잠시 동안 생각에 잠긴 후 이야기를 시작했다.

제2부

나라의 구조와 농업

　그 섬은 중앙 지대가 가장 넓으며, 그 폭은 약 200마일 정도 됩니다. 섬 전체는 양끝을 제외하고는 대개 폭이 비슷하며, 양쪽 끝으로 갈수록 좁아지고 굴곡이 있어서, 둘레가 500마일쯤 되는 원과 비슷한 도형을 컴퍼스로 그려놓은 것과 같습니다. 그러므로 이 섬은 초승달[1] 모양이며, 그 끝은 약 11마일 넓이의 해협에 의해 갈라져 있습니다.

　이 해협을 통해 바닷물이 흘러들어와 커다란 호수(육지로 완전히 둘러싸여 있어서 물결이 잔잔하므로 이 바다는 거대하고 잔잔한 호수처럼 보입니다)로 퍼집니다. 따라서 섬 내부 전체가 실제로 항만 구실을 하고, 섬 어디서나 배로 건널 수 있기 때문에 주민들에게는 매우 편리합니다. 항만 입구는 놀라울 만큼 암초와 사주(砂洲)로 가득 차 있습니다. 이 암초들 중의 하나는

---

1 초승달의 두 끝이 근접해 있지는 않다. 터키 국기의 초승달과 비슷하나, 터키 국기의 초승달은 두 끝이 맞닿아 있다. 그 안의 별은 항구 입구에 있는 바위로 생각하면 된다. 모어가 상상한 이 섬은 플라톤의 아틀란티스(플라톤이 상상한 이상 국가)와 유사한 점이 있다.

갈라진 틈의 거의 중앙에 치솟아 있기 때문에 항해에는 위험하지 않으며, 그 위에는 성곽 하나가 세워져 항상 경비대가 지키고 있습니다. 그러나 다른 암초들은 물 속에 잠겨 있기 때문에 위험천만합니다. 오직 유토피아 인들만이 수로를 알고 있어서 유토피아 인의 안내 없이 외국 배가 항구로 들어간다는 것은 실로 어려운 일입니다.

만일 해안에 설치해 놓은 어떤 표시가 없다면, 항만으로 들어가는 것은 국민들에게조차도 위험한 일일 것입니다. 따라서 아무리 많은 적의 전함이 쳐들어 온다 해도 단지 이 표시를 바꾸어 유인하면 간단히 격퇴시킬 수 있을 것입니다. 물론 섬의 바깥쪽에도 많은 항구가 있으나, 이 항구들 역시 자연적 또는 인공적으로 요새화되어 있으므로, 작은 힘으로도 거대한 침략국이 항구에 상륙하지 못하게 할 수 있습니다.

그러나 그들이 말하다시피, 또 누구나 직접 보면 알 수 있는 일이지만, 유토피아는 원래 섬이 아니라 반도였습니다. 그런데 유토포스라는 인물이 이 반도를 정복해, 현재의 명칭도 이 유토포스로부터 유래되었는데, 그 전에는 아브락사[2]라고 불리웠습니다. 또 다수의 무지몽매한 야만인을 오늘날 세계에서 가장 개명된 국민으로 만든 것도 바로 이 사람입니다. 그는 이 나라를 통치하게 되자, 즉시 유토피아와 대륙을 연결하는 15마일 넓이

---

2 아브락사(abraxa)는 a라는 부정을 나타내는 접두어와 brakae(짧은 바지)의 복합어로 '옷을 입지 않은 사람들' 이라는 뜻인 것 같다.

의 지협(地峽)을 파내서 바닷물을 끌어들였습니다. 원주민들에게만 모든 일을 시키면 원한을 사게 될 것이 염려되어, 그의 군대도 이 공사에 전부 투입시켰습니다. 거대한 노동력으로 믿을 수 없을 만큼 빨리 공사를 완료하였으므로, 처음에 이 계획을 조롱하던 대륙인들도 깜짝 놀라 두려워하게 되었습니다.

이 섬에는 같은 언어, 법률, 관습, 제도를 가진 54개[3]의 훌륭한 도시가 있습니다. 이 도시들은 전부 동일한 계획에 따라 세워졌고, 지형이 허락하는 한 똑같은 모양으로 건설되었습니다. 도시간의 가장 짧은 거리는 24마일이고, 가장 먼 거리도 하루에 걸어갈 수 있는 거리입니다. 각 도시는 연륜과 경험이 풍부한 세 사람의 시민을 아마우로툼[4]의 연례 회의에 파견해서 섬의 일반적인 문제를 토의시킵니다. 아마우로툼은 섬 중앙에 있어서 국내 여러 곳에서 모이기가 쉽기 때문에 수도로 간주됩니다.

토지의 분배는 각 도시의 영토가 최저 사방 20마일이 되게 했고, 한쪽만은 더 길게(곧 여기가 도시간의 최장거리에 해당합니다) 했습니다. 어떤 도시도 그 경계의 확장을 바라지 않았습니다. 그들은 토지를 재산으로 생각하지 않고 단지 자신들이 경작해야 할 땅이라고 생각하기 때문입니다.

---

3 54개의 도시는 당시 영국의 54주(州)와 일치한다. 모어가 이 책에서 영국을 풍자하고 있음을 알 수 있다.
4 아마우로툼(amaurotum)은 amauros(몽롱한)이라는 말에서 온 말로 '환상의 도시' 또는 '희미한 도시'라는 뜻.

시골에는 일정한 간격을 두고 집이 있는데, 이 집에는 농기구가 갖추어져 있으며, 도시 주민은 교대로 이 집에 거주하며 농사를 짓습니다. 그 집은 각기 40명의 어른들을 수용할 수 있고, 2명의 노예가 고정적으로 배치되어 있으며, 믿을 만한 노령의 부부가 필라르쿠스[5]의 감독을 받으며 이러한 30채의 집을 관리하고 있습니다. 매년 시골에서 2년을 보낸 20명이 도시로 돌아가고, 또 다른 20명이 새로이 시골로 내려옵니다. 그들은 1년 전에 농사를 지으러 온 사람들에게서 농사를 배웁니다. 열두 달 후에는 이 훈련생들이 교사가 됩니다. 이러한 제도는 식량 부족의 위험을 감소시킵니다. 농사짓는 사람이 모두 미숙하다면 식량 부족 사태가 생길 수도 있는 것입니다.

농사에 종사하는 기간은 보통 2년이며, 따라서 아무도 더 이상 불편한 생활을 강요받지는 않으나 시골 생활을 좋아하는 사람들은(이러한 사람이 많습니다) 특별 허가를 받아 기간을 연장할 수 있습니다. 농부는 농토를 경작하고, 가축을 사육하고 재목을 베어내고, 그것을 육로나 수로를 이용해 도시로 운송하는 책임을 집니다. 그들은 매우 특별한 방법으로 많은 닭을 사육하고 있습니다. 암탉이 달걀을 품게 하는 대신 달걀을 일정한 온도에 맞추어 한꺼번에 수십 개의 알을 부화시킵니다. 병아리가 알을 깨고 나오

---

5 필라르쿠스(phylarchus)는 phule(종족, 특히 아테네의 종족 중 한 파를 말함)와 archos(우두머리, 지배자)의 복합어로 '종족장'의 뜻인데, 여기서는 '지방 관리인' 정도의 직위이다.

면 사육사를 어미로 알고 어디든 따라다닙니다.

그들은 말도 조금 기르는데, 승마 연습에만 말을 사용하기 때문에 집에서는 실제로 한 마리도 기르지 않습니다. 소를 이용해서 밭을 갈고 짐마차를 끄는 것입니다. 물론 소는 말처럼 빨리 달리지는 못하지만, 튼튼하고 병에 잘 걸리지 않는다고 유토피아 인들은 생각합니다. 또한 소는 기르기가 쉽고 사육 비용이 덜 들며, 일을 못하게 되었을 때는 고기로 먹을 수도 있습니다.

밀은 빵을 만드는 데만 사용됩니다. 그들은 맥주를 마시지 않는데, 포도주, 사과술, 배술〔梨酒〕 또는 물(때로는 맹물을 마시지만 흔히 많이 생산되는 꿀이나 감초를 타 마시기도 합니다)을 마시기 때문입니다. 각 도시의 시청은 시 전체의 연간 식량 소비량을 아주 정확하게 계산하지만, 언제나 수요량을 초과하여 밀을 거두고 가축을 기르기 때문에 이웃 나라 사람들에게 나누어 줄 만큼의 여유가 있습니다.

시골에서 구할 수 없는 필수품은 도시에서 구해 옵니다. 매달 한 번씩 공휴일이 있는데, 이때는 대부분 도시로 나갑니다. 공무원에게 원하는 것을 요청하면, 그들은 아무런 대가도 받지 않고 구해 줍니다.

수확기 직전에 필라르쿠스는 시청에 임시 노동력이 어느 정도 필요한지 알립니다. 그러면 지정된 날에 정확히 필요한 만큼의 수확 작업 인원이 오며, 날씨가 좋을 때는 24시간 이내에 일을 마칩니다.

도시들, 특히 아마우로툼

도시에 대해 말씀드릴 것이 좀더 있습니다. 도시들 중 하나만 보면 다른 도시들도 모두 알 수 있습니다. 각 도시는 지역적으로 약간의 차이는 있으나 거의 같기 때문입니다.

그러므로 나는 한 도시를 예로 들겠습니다. 어느 도시를 예로 드는가는 문제가 되지 않습니다.

그러나 아마우로툼을 선택하는 것이 좋겠군요. 의회가 이 도시에서 열린다는 사실로 보아 이 도시가 특별히 중요하며, 저는 여기에서 5년 동안 살았으므로 이 도시를 가장 잘 알고 있기 때문입니다.

아마우로툼은 완만하게 경사진 언덕의 중간에 있습니다. 그 모양은 거의 정사각형입니다. 폭은 산꼭대기에서 아니드루스 강[6] 까지 약 2마일이며, 길이는 2마일이 약간 넘고, 강기슭이 경계로 되어 있습니다.[7] 아니드루스 강의 원줄기는 80마일 위쪽의 작은 샘이지만, 중간 중간에 몇 개의 지류(그중 둘은 제법 큰 하천입니다)가 합류하여 아마우로툼에 이르러서는 그 폭이 50야드 이상 됩니다. 그곳에서 60마일 떨어진 바다에 닿을 때까지 그 폭은 점차 더 넓어집니다. 도시 위쪽 수마일에 이르기까지 심한 조류가 들

---

6 아니드루스(anydrus)는 부정을 나타내는 접두어 a와 hudor(물)의 복합어로 '물 없는 강'이라는 뜻.
7 아마우로툼 시는 런던을, 아니드루스 강은 템즈 강을 지칭한 것 같다.

어오며 여섯 시간마다 그 방향이 바뀝니다. 밀물일 때 바닷물은 내륙 30마일 지점까지 도달하여 강물을 역류하게 만듭니다. 약간 상류의 강물까지 소금기가 섞이지만, 썰물 때는 소금맛이 점점 엷어져서 아마우로툼에 이르러서는 아주 신선해집니다. 썰물 때 강물은 바다로 흘러가는데, 해안에 이를 때까지 줄곧 맑고 깨끗합니다.

이 도시는 강 위에 아름다운 아치형 다리로 연결되었는데, 목재로 만든 것이 아니라 돌로 만들어진 다리입니다. 배들이 도시 어느 곳에서나 방해를 받지 않고 정박할 수 있도록 육지의 맨 끝에 다리를 놓았습니다.

이 도시에는 또 하나의 강이 있는데, 크지는 않지만 매우 잔잔하고 포근합니다. 이 강은 아마우로툼이 있는 언덕에서 흘러내려서 도심 한가운데를 가로질러 아니드루스 강에 합류됩니다. 물줄기가 도심 근처에 있기 때문에 성벽으로 둘러싸 놓았습니다. 때문에 적의 침략을 받았을 때도 적군이 수로를 끊거나 수로를 차단하여 도심 밖으로 돌리거나 독약을 탈 수 없습니다. 원줄기로부터 강물은 벽돌로 만든 관을 통해 도시의 낮은 지역으로 흘러갑니다. 이러한 방법을 이용할 수 없는 곳에서는 커다란 저수지를 파놓고 빗물을 모읍니다. 이 저수지만으로도 꽤 훌륭해서 불편을 느끼지 않습니다.

도시는 높고 튼튼한 성벽으로 둘러싸여 있으며, 성벽 위에는 총총히 망대(望臺)나 보루(堡壘)가 있습니다. 성벽의 세 측면에는 해자(垓字)가 있으며, 물은 없으나 매우 넓고 깊으며, 가시덤불 울타리가 가로막고 있습니다. 한 측면은 강이 해자 역할을 합니다. 시가지는 교통과 방풍(防風)에 대비하여 잘 계획되어 있습니다. 건물은 가지런히 연이어 마주 서 있어서 매우 웅장한 느낌을 줍니다.

집의 앞쪽은 20피트 넓이의 도로이고[8] 뒤쪽에는 도심지와 똑같은 길이의 정원이 있으며, 다른 도심지는 후면에 의해 완전히 둘러싸여 있습니다. 집에는 제각기 도심지로 나가는 앞문과 정원으로 나가는 뒷문이 있습니다. 문은 양쪽 다 이중으로 되어 있어 열기가 쉽고 살짝 누르면 열렸다가 저절로 닫힙니다. 그리고 누구든지 자유로이 드나들 수 있습니다. 사유재산 따위는 없기 때문입니다. 집은 추첨에 의해 분배되며 10년마다 바뀝니다.

정원에는 시민들이 정성껏 가꾼 포도나무와 풀, 꽃 등이 자라고 있습니다. 저는 그처럼 아름답고 풍요로운 정원을 본 적이 없습니다. 아마우로툼 시민들은 정원사들입니다. 그들이 정원 꾸미기를 즐기기 때문이기도 하지만, 시가지 간에 정원 가꾸기 경쟁이 있기 때문이기도 합니다. 사회에 즐거움과 이익을 준다는 점에서 정원 가꾸기는 시중(市中)에서 으뜸 가는 일입니다. 그래서 저는 창설자가 정원 꾸미기에 각별한 관심을 갖고 있었음에 틀림없다고 생각했습니다.

---

8 모어는 상당히 넓고 아름다운 안트와프 등의 거리를 보고, 더럽고 좁은 런던의 거리를 생각했을 것이다.

창설자란 바로 유토포스를 말하며, 그가 처음부터 도시 전체를 설계했다고 들었습니다.

그러나 그는 도시를 아름답게 꾸미고 개선하는 일은 후대에 물려주었습니다. 그는 도시 건설이 당대만으로 완성될 수 없다는 것을 알고 있었기 때문입니다. 유토포스의 정복 이후 1760년에 걸쳐서 항상 자세하게 기록해 온 그들의 역사 기록에 의하면, 최초의 집은 손쉽게 구할 수 있는 재목으로 지어진 작은 오두막이었습니다. 진흙으로 벽을 바르고, 짚으로 이어서 지붕을 덮었습니다.

그러나 지금은 모두 3층 건물로 벽에는 석영(石英)이나 단단한 돌로 꾸몄습니다. 그렇지 않으면 벽돌을 입혔고, 안에는 종이나 흙을 발랐습니다. 비스듬한 지붕은 지평선을 향해 치켜져 있고, 특수한 경우이지만 값이 아주 싼 석고 기와로 덮여 있는데, 이것은 불이나 물에 잘 견디며 특히 불에 강합니다. 창에는 유리를 끼워[9] 바람을 막거나(이 도시 사람들은 유리를 많이 사용합니다) 때로는 깨끗한 기름이나 수지(樹脂)를 바른 엷은 삼베를 치는데, 이렇게 하면 더 투명하면서도 강한 바람도 잘 막을 수 있습니다.

---

[9] 모어가 이 책을 쓴 당시에 영국의 일반 가정에서는 유리를 사용하지 못했다. 그러나 유럽 해안 지방에는 상당히 보급되어 있었다.

공무원 제도

   시민은 30세대가 한 그룹이 되도록 짜여져 있으며, 각 그룹은 매년 시포그란투스[10]라고 불리우는 공무원을 선출합니다. 시포그란투스는 고대 유토피아의 명칭으로 현재의 필라르쿠스를 말합니다.

   10명의 시포그란투스와 그들이 대표하는 세대에 대해 트라니보루스[11], 또는 프로토필라르쿠스[12]라고 불리우는 공무원이 있습니다.

   각 도시에는 200명의 시포그란투스가 있으며, 그들은 시장을 선출할 책임이 있습니다. 그들은 가장 유능하다고 생각되는 사람에게 투표할 것을 엄숙히 서약한 후에 비밀투표로 시장을 선출합니다.

   시장은 전체 선거민에 의해 지명된 4명의 후보자 중 한 사람이어야 합니다. 도시는 4구로 나누어져 있고, 각 구에서 입후보를 선출하여 트라니보루스 회의에 그 이름을 통보하기 때문입니다.

   시장은 독재 혐의를 받지 않는 한 죽을 때까지 관직에 머무르게 됩니다.

   트라니보루스는 해마다 선출되지만, 보통은 바뀌지 않습니다. 기타 공무

---

10 시포그란투스(syphograntus)는 supheso(돼지우리)와 krantor(지배자)의 복합어인 듯하다. 트라니보루스와 마찬가지로 이 명칭은 모어의 할아버지가 서기장 겸 집사로 일했던 린칸 학원과 관련이 있는 것 같다.
11 트라니보루스(traniborus)는 thranos(벤치)와 bora(음식)의 복합어인 듯하다. 모어의 할아버지나 아버지가 서기장으로 일했고, 모어 자신도 강사로 일한 바 있는 린칸 학원과 관련이 있는 것 같다.
12 필라르쿠스에 protes(첫째의)라는 말이 붙은 것으로, 대필라르쿠스를 의미한다.

원의 임기는 1년입니다.

3일마다, 또는 필요하면 더 자주, 트라니보루스는 시장과 화합하여 공동 문제를 토의하며, 이런 일은 드물지만 개인간의 분쟁을 신속히 해결합니다. 그들은 언제나 2명의 시포그란투스를 회의에 초대하는데, 매번 다른 사람을 초대하며, 공중(公衆)에 영향을 미치는 문제는 3일간 토의한 후에 최종 결정을 내려야 한다는 규칙이 있습니다.

이러한 문제를 트라니보루스 회의나, 또는 시포그란투스 총회 이외의 장소에서 토의하면 사형을 받습니다. 이렇게 해야 시장이나 트라니보루스가 시민의 희망을 무시하거나 국가체제를 변경시키지 못하는 것입니다. 같은 이유로 중요한 문제는 시포그란투스 총회에 회부되며 시포그란투스는 그가 맡고 있는 세대 전체에 이 문제를 설명하고 토의한 후에 그들의 의견을 트라니보루스 회의에 보고합니다. 가끔은 의회에 회부되는 문제도 있습니다.

또한 어떠한 안건도 그것이 처음으로 제출되는 날에는 토의되어서는 안된다는 규칙이 있습니다. 모든 토의는 다음 회의로 연기해 놓고 숙고하도록 합니다. 그렇지 않으면 어떤 사람들은 순간적인 견해를 말하기 쉽고, 따라서 사회를 위해 최선의 것을 결정하려고 노력하는 대신 그의 발언을 합리화하려고 애쓰게 됩니다.

이러한 사람은, 불합리하게 들릴지는 모르나 그의 최초의 생각이 잘못일지도 모른다고 인정하는 것을 부끄럽게 여기므로 자신의 명예를 지키기 위해 공중을 희생시키기도 합니다.

노동 조건

성별과 관계없이 시민이라면 누구든지 하는 일이 있는데, 그것은 농업입니다. 농사는 어린이 교육의 필수 과목입니다. 어린이들은 농업의 원리를 학교에서 배우며, 정기적으로 도시에서 가까운 들로 나가서 실습을 합니다. 그들은 농사짓는 것을 견학할 뿐만 아니라, 직접 거들어 주기도 합니다.

이미 말한 바와 같이 모든 사람의 직업인 농사 이외에도 각자 특수한 기술을 배웁니다. 양모(羊毛), 또는 삼베 짜는 기술을 배우거나 석공, 철공, 또는 목공이 됩니다. 이상 말한 것은 상당한 노동력을 필요로 하는 기술만을 열거한 것입니다.

이 섬에서는 누구나 같은 종류의 옷(성별과 기혼, 미혼자간에 약간의 차이는 있다)을 입기 때문에 양복점이나 양장점은 없으며, 옷 모양은 전혀 변하지 않습니다. 이 옷은 보기에도 좋고 움직임이 자유로울 뿐 아니라 더위나 추위에도 가리지 않고 입을 수 있습니다. 또 놀라운 것은 이 옷을 모두 가정에서 만든다는 점입니다. 그리고 각자는 앞서 말한 기술 중의 하나를 배웁니다. 이 점에 있어서는 남녀의 구별이 없습니다. 대개 여성은 삼베 짜는 일처럼 쉬운 일에 종사하고, 남자는 힘든 일에 종사하지만.

대부분의 어린이는 자랄 때부터 부모가 하는 일을 배우게 됩니다. 부모가 하는 일에 자연히 친밀해지기 때문입니다. 그러나 어린이가 부모가 하는 일이 아닌 다른 기술을 좋아한다면, 아이는 그 기술에 종사하는 가정에 양자로 들어가야 합니다. 물론 친아버지뿐 아니라 공무원들도 양아버지가 책임감 있고 존경할 만한 인물인가에 대해 세심한 검토를 합니다. 한 가지 기술을 상당히 익히고 난 다음에는 본인이 원하면 다른 기술을 배울 수도 있습니다. 그리고 두 가지 기술에 대해 전문가가 되었을 때는 본인의 기호에 따라 어느 기술에나 종사할 수가 있습니다. 다른 기술이 사회를 위해 더욱 필요한 경우를 제외하고는…….

시포그란투스의 주된 업무는 빈둥거리고 노는 자가 없이 누구나 자신의 직업에 열중하도록 감독하는 것입니다. 그러나 그들은 마치 짐마차를 끄는 말처럼 이른 아침부터 밤늦게까지 열심히 일을 시켜서 시민을 피로하게 하지는 않습니다. 그것은 노예와 마찬가지이기 때문입니다. 그런데 유토피아 이외의 거의 모든 나라에서는 노동자들이 바로 그러한 생활을 하고 있습니다. 유토피아에서는 하루에 여섯 시간씩 일을 합니다. 오전에 세 시간 일하고 점심을 먹고 나서 두 시간 휴식을 취한 후, 오후에 세 시간 일하고 저녁을 먹습니다.

그들은 여덟 시에 잠자리에 들며 여덟 시간 잡니다. 그 나머지 시간은 게으름이나 방종에 허비하지 않고 건전하게 이용한다는 조건으로 기호에 따라 자유롭게 보낼 수 있습니다. 대부분의 사람들은 교육을 더 받는 데 이 여가를 이용하고 있습니다.

매일 아침 일찍 공개 강좌가 열립니다. 학술 연구를 위해 선발된 사람들을 제외하고, 참석하는 것은 자유 의사이지만, 계급이나 남녀의 구별 없이 강좌를 들으려고 몰려듭니다. 사람들은 각자 자기의 취향에 맞는 강좌를 듣습니다. 그러나 원한다면, 이 여가를 자신의 본직에 이용하는 것을 금하지는 않습니다. 지적 활동에 흥미가 없는 많은 사람들이 이렇게 하고 있으며, 오히려 이러한 행동은 사회를 위한 봉사라고 칭찬받고 있습니다.

저녁을 먹은 후, 그들은 계절에 따라 정원이나 공동 식당에서 한 시간 동안 오락을 즐깁니다. 어떤 사람은 음악을 감상하고, 어떤 사람은 이야기하면서 즐깁니다. 그들은 주사위놀이 같은 어리석고 퇴폐적인 놀이에 대해서는 알지도 못합니다. 단지 서양 장기 비슷한 두 가지 놀이를 하고 있습니다. 첫째 놀이는 수(數)로 수를 빼앗는 산술 경기입니다. 둘째 놀이는 선과 악의 대결로, 악과 악 사이에는 갈등이 있지만 선과 대항하게 되면 단결한다는 것을 선명하게 보여 줍니다. 이 놀이는 어떤 악이 어떤 선에 대립되는가, 악이 공격을 하면 어느 정도의 힘이 분출되는가, 악은 어떠한 간접적 책략을 쓰며, 선은 악을 물리치는 데 있어서 어떠한 도움이 필요한가, 악의 공격을 격퇴하는 가장 좋은 방법은 무엇인가, 그리고 선 또는 악의 승리를 궁극적으로 결정하는 것이 무엇인지를 역력히 보여 줍니다.

그런데 특별한 주의가 필요한 사항이 있습니다. 그렇지 않으면 오해하기 쉽습니다. 그들은 하루에 여섯 시간만 일하므로 틀림없이 필수품이 부족할 것이라고 생각할지도 모르겠지만, 사실은 반대입니다. 여섯 시간으로 충분하며, 오히려 안락한 생활에 필요한 모든 것을 초과 생산하고 있습니다. 다른 나라에서는 얼마나 많은 사람들이 실직 상태에 있는가를 생각한다면, 그 이유를 이해할 것입니다.

우선 다른 나라에서는 실제로 여자들(전체 인구의 거의 50퍼센트를 차지하고 있는)이 모두 놀고 있습니다. 여자들이 일을 하는 나라에서는 대신 남자들이 놀고 있습니다. 그리고 성직자나 수도회의 수도사들이 있습니다. 이들은 일을 얼마나 합니까? 게다가 부자들, 특히 일반적으로 귀족으로 알려진 지주들과 그들의 하인들, 빈둥빈둥 놀기만 하는 무사들이 있습니다. 끝으로 아주 건강하고 병이 없으면서도 게으름을 피우려는 구실로 꾀병을 앓고 있는 거지들을 꼽아야 합니다. 이러한 사람들을 모두 헤아려 볼 때, 인간에게 필요한 것을 실제로 생산하는 데 종사하는 사람은 극히 적다는 사실에 놀라지 않을 수 없습니다.

또한 이 소수의 사람들 중에서 진정으로 필요한 기술에 종사하는 사람들은 극소수에 지나지 않는다는 사실을 다시 생각해 보십시오. 금전이 유일한 가치 기준인 곳에서는 사치품이나 오락품을 공급하는 쓸데없는 노동이 수없이 진행되기 마련입니다. 그런데 생활을 안락하게 만드는 필수적인 몇 가지 직업에 현재의 노동력을 집중시킨다면 과잉생산으로 말미암아 가격이 폭락하여 노동자들은 생활비조차 벌지 못하게 될 것입니다.

그러나 이와 같이 중요하지 않은 직업에 종사하는 자들과 일하지 않고 게으름을 피우는 자들(각기 남의 노동으로 생산된 것을 생산자보다 2배나 더 소비하고 있는 자들)을 모두 가려내서 전부 유용한 일에 종사시킨다면, 하루의 노동시간이 적더라도 생활필수품과 편의품을 충분히 생산해 낼 수 있다는 것을 곧 알 수 있을 것입니다. 여기에 진정하고 자연스러운 오락물품도 첨가할 수 있겠지요.

그러나 유토피아에서는 사실 스스로가 말해 줍니다. 유토피아에서는 도시나 그 주변의 농촌에서 사는 신체 건강한 남녀와 일상의 노동에서 면제되는 사람은 500명을 넘지 않습니다. 여기에는 시포그란투스들도 포함되는데, 이들은 법적으로는 면제되어 있으나 모범을 보이기 위해 스스로 노동을 하고 있습니다. 또한 다른 의무는 영구히 면제되고 오직 학구에만 전념하는 사람들도 포함되어 있습니다. 이러한 특권은 성직자의 추천을 받아 시포그란투스들의 비밀투표로 승인을 얻어야만 허용됩니다. 그러나 이러한 사람들도 그 성과가 좋지 못하면 노동계급으로 환원됩니다.

한편 육체 노동자가 자유시간을 이용해 열심히 연구하여 훌륭한 학문을 이룩하면 노동을 면제받고 학자계급으로 승격되는 일도 드물지 않습니다. 외교관, 성직자, 트라니보루스, 그리고 물론 시장도 이 학자계급에서 나옵니다. 그런데 예전에는 시장을 바르자네스라고 불렀으나, 지금은 아데무스[13]라고 부릅니다.

국민 중 직업이 없거나 또는 비생산적인 일에 종사하는 사람이 거의 없으므로 적은 시간에 좋은 물품을 충분히 생산해 낼 수 있다는 것을 추측할 수 있을 것입니다. 또한 그들은 우리들보다 적은 노력으로서 필요한 일만을 하고 있기 때문에 노동시간이 줄어듭니다.

예를 들면, 보통 집을 짓는 일에 많은 노동력이 동원되는 이유는 선조들이 집을 지어서 물려주면 선견지명이 없는 후손들이 헐어 버리기 때문인 것입니다. 따라서 후손들은 물려받은 집을 유지하는 비용보다 더 큰 비용을 들여서 새 집을 지어야 합니다. 다음과 같은 일은 흔히 일어나는 일입니다. 어떤 이가 매우 호화로운 집을 지었으나 다른 사람의 괴팍스러운 취미에는 맞지 않습니다. 그러므로 그는 이 집을 방치해 두어 곧 황폐하게 만들고, 다른 곳에 호화로운 집을 짓습니다.

그러나 유토피아에서는 모든 것이 국가의 관리하에 있으므로 새로운 대지에 집을 짓는 일은 드물며, 필요하면 곧 수리를 합니다. 최소의 노동력을 들여 집의 수명을 최대한으로 연장하는 것입니다. 그래서 건축 기술자들은 때로는 할 일이 없습니다. 이러한 경우에 이들은 집에서 목재를 자르거나 돌을 다듬습니다. 그러므로 건축이 필요할 때는 신속하게 완성할 수 있는

---

13 아데무스(ademus)는 부정을 나타내는 접두어 a와 demos(사람들)의 복합어. '다스릴 백성이 없는 사람'이라는 뜻.

것입니다.

다음은 의류에 드는 노동력을 얼마나 절약하고 있는지 관찰해 보기로 합시다. 그들의 작업복은 헐렁한 가죽옷인데 적어도 7년간은 입을 수 있습니다. 외출할 때는 이 작업복 위에 외투를 걸칩니다. 외투의 색깔은 똑같은데, 모직물의 자연색 그대로입니다. 따라서 그들의 모직물 소비량은 세계 최저이며, 그 생산가도 최저입니다. 삼베는 생산하기 쉽기 때문에 이를 많이 입습니다.

그런데 다른 나라에서는 대여섯 벌의 코트와, 같은 수의 셔츠를 갖고도 만족하지 않고, 옷맵시를 내려고 하는 사람들은 열 벌로도 만족하지 못합니다. 그러나 유토피아 인은 2년에 옷 한 벌로 만족하고 있습니다. 그들이 더이상 원하지 않는 까닭은 옷이 많다고 해서 더 따뜻한 것도 아니고, 또 더 존대받지도 않기 때문입니다.

유토피아에서는 누구나 유용한 일에 종사하고, 또 인원을 최소한으로 줄이면서도 그들은 모든 물자를 충분히 생산하고 또 저장해 놓기 때문에, 남아도는 큰 노동력을 망가진 도로를 수리하는 데 동원할 수 있습니다. 이러한 일도 없을 경우에는 당국은 노동시간 단축을 선언합니다. 당국은 시민에게 불필요한 노동을 강요하지 않습니다. 경제 전체의 주요 목표는 사회적 필요에 입각해서 각자를 육체 노동에서 해방시켜 많은 자유시간을 갖도록 하는 데 있으며, 이렇게 함으로써 각자가 자신의 정신세계를 계발할 수 있는 것입니다. 그들은 이것이 행복한 생활의 비결이라고 생각하고 있습니다.

사회조직과 교제 관계 및 물품 분배 관계

이제는 그들의 사회조직, 곧 사회는 어떻게 조직되었으며 그들 상호간의 관계는 어떠한가, 물품은 어떻게 분배되는가 등에 대해 알아보겠습니다. 사회의 최소 단위는 가족과 동의어인 가정입니다. 여자는 성인이 되어 결혼을 하면 남편의 가정에서 함께 살지만, 아들과 손자들은 그들의 가장 나이 많은 남자 친척의 감독(그가 치매에 걸리지 않았다면. 치매가 걸렸을 경우에는 그 다음으로 나이 많은 사람이 인계합니다)을 받으며 집에 머물러 있습니다.

각 도시는 농촌을 제외하고 6000세대로 이루어져 있습니다. 그리고 인구의 수를 균등하게 고정하기 위하여 어떠한 가정도 어른은 10명 이상 16명 이하여야 한다(어린아이의 수는 정확히 확정할 수가 없으므로)는 법률이 있습니다. 어른이 초과하는 경우에는 모자라는 가정으로 이주시키도록 되어 있습니다. 도시 전체의 인구가 늘어날 때는 초과 인구를 비교적 인구가 적은 도시로 이주시킵니다.

섬 전체 인구가 초과되면 각 도시의 일정한 국민에게 도시를 떠나 대륙의 가장 가까운 곳(토착민만으로는 개발할 수 없는 넓은 지역이 남아 있습니다)에 식민지를 세울 것을 명령합니다. 이러한 식민지는 유토피아 인들이 지배하지만, 원주민들이 그들과 함께 살기를 원하면 받아들입니다. 유토피아 인들과 원주민이 함께 살게 될 때는, 원주민과 식민지 개척자는 곧 같은 생활 방식을 가진 단일 사회를 형성하여 양쪽에 매우 이롭게 됩니다. 유토피아의 방식을 받아들이면, 한 민족에게 필요한 것도 생산할 수 없다고 생각되었던 토지에서 두 민족이 쓰기에 충분할 만큼의 양이 생산되기 때문입니다.

원주민이 유토피아 인들의 명령에 따르지 않으면 그들은 가차없이 축출됩니다. 만일 그들이 저항하면 유토피아 인들은 전쟁을 선언합니다. 원주민이 소유만 할 뿐 무용지물이나 다름없던 토지에서 생산품을 얻어내려는 자연법칙을 한 나라가 다른 나라에 대해 거부하는 경우에는, 전쟁은 아주 정당한 것이라고 유토피아 인들은 생각하기 때문입니다.

어떤 도시의 인구가 대폭 줄어들어 섬의 다른 도시에서 주민을 이주시키면 그 도시의 인구마저 줄어들 수밖에 없는 경우에는(이러한 일은 그들의 역사상 두 번 일어났는데, 두 번 다 전염병이 몹시 창궐했기 때문입니다) 유토피아의 어떤 부분을 약화시키는 것보다는 식민지를 잃는 것이 낫다는 원리에 따라 식민지 주민을 도시로 이주시켜 모자라는 인구를 보충합니다.

그러면 그들의 사회조직으로 되돌아가기로 합시다. 이미 말한 바와 같이, 각 가정은 가장 나이 많은 남자의 다스림을 받고 있습니다. 아내는 남편에게 복종해야 하며, 자식은 어버이에게, 그리고 나이 어린 사람은 나이 많은 사람에게 복종해야 합니다.

모든 도시는 똑같은 규모의 4개 구(區)로 구분되며, 각 구에는 그 중심지에 시장이 있습니다. 각 가정의 생산품은 이 시장의 창고에 저장되며, 물품의 종목에 따라 분배됩니다. 가정의 가장은 자신이나 가족에게 필요한 물품이 있을 때는 시장 안의 해당 상점으로 가서 그것을 청구하기만 하면 됩니다. 필요한 것이 무엇이든 그는 값을 치르지 않고 가져올 수 있습니다. 무엇이든 가져오지 못할 이유가 없지 않습니까? 모든 물품이 풍족하기 때문에 필요 이상으로 청구해서 가져갈 필요성은 없습니다.

어떤 물건이든 항상 풍족하다는 것을 알고 있는데, 어느 누가 필요 이상의 물품을 쌓아 두겠습니까? 부족할 염려가 없으면 짐승도 천성적으로 탐욕을 부리지 않습니다. 그러나 인간의 경우에는 허영심 때문에 탐욕을 부립니다. 남아돌 만큼 막대한 재산을 쌓아둔 사람들이 일반 사람들보다 오히려 더 허영심이 많습니다. 그러나 유토피아에서는 이러한 허영심을 부릴 필요가 없습니다.

시장 안에는 식료품점이 있는데 고기, 생선, 빵, 과일 및 채소를 취급합니다. 도시 외곽에는 강물로 가축의 피와 내장을 씻는 특별한 장소가 있습니다. 가축의 도살과 그 처리는 노예들이 합니다. 일반 시민은 도살을 하지 못합니다. 유토피아 인들은 도살 때문에 인간의 자연스러운 연민의 정이 사라진다고 생각하기 때문입니다. 또한 대기의 오염과 전염병을 막기 위해, 더러운 것이나 비위생적인 것이 시내로 들어오는 것을 금지하고 있습니다.

거리를 걷노라면, 일정한 간격으로 웅장한 공동 주택이 서 있는 것을 볼 수 있는데, 이 건물은 각기 독특한 명칭을 갖고 있습니다. 이 건물은 시포그란투스가 사는 곳이며, 시포그란투스가 관리하는 30세대(한쪽으로 15세대, 다른 쪽으로 15세대가 삽니다)가 식사를 하는 곳입니다.

식당 관리인은 매일 일정한 시간에 식료품 시장에 가서 자기 식당에 등록된 인원수를 말하고 필요한 식료품을 가져옵니다. 병원 환자에게는 우선권이 있습니다.

병원은 성벽 밖의 교외에 4개가 있으며[14] 각기 조그마한 도시를 이루고 있습니다. 많은 사람이 들끓는 것을 막고, 전염병 환자를 격리시키기 위해 이와 같이 넓게 지은 것입니다. 이 병원들은 잘 관리되고 완벽한 의학 시설이 갖추어져 있으며, 간호사는 친절하고 성실합니다. 경험 많은 의사가 언제나 잘 돌봐주기 때문에, 강제로 입원시키지 않더라도 누구나 집에서 앓아누워 있기보다는 입원하는 것을 더 좋아합니다.

병원 관리인이 의사가 부탁한 식료품을 먼저 가지고 간 후에는, 그 나머지 중에서 가장 좋은 식품을 각 식당에 공평하게, 즉 각 식당에 등록된 인원수에 비례해서 분배됩니다. 그러나 특별 대우를 받는 시장, 대주교, 트라니보루스 및 외교관은 예외입니다. 외국인도 특별 대우를 받습니다. 외국

---

14 모어의 시대에는 병원이라고 부를 만한 시설을 갖춘 곳은 영국 내에 하나밖에 없었다.

인이 있는 경우는 드물지만, 외국인이 있을 때는 그들에게 특별한 가구를 갖춘 주택을 마련해 줍니다.

점심과 저녁 식사 시간에는 나팔을 불며, 모든 시포그란티아(입원했거나 집에서 앓고 있는 사람을 제외하고)[15]가 식당에 모입니다. 식당에 공급하고 난 다음에는 시장의 식료품을 마음대로 집으로 가져가게 합니다. 꼭 필요한 경우에만 집으로 식료품을 가져간다고 믿기 때문입니다.

집에서 식사를 해서는 안 된다는 법칙은 없지만, 그들은 별로 좋아하지 않습니다. 첫째로는 예의에 벗어난다고 생각하기 때문이며, 둘째로는 가까운 식당에 가면 아주 맛있는 음식이 준비되어 있는데 맛없는 음식을 만드느라고 온갖 수고를 하는 것은 바보짓이라고 생각하기 때문입니다.

힘겹고 더러운 식당 일은 모두 노예가 하지만, 음식을 만들어서 차리고 시중을 드는 실질적인 일은 그날의 당번을 맡은 가정 주부들(여러 가정이 매일매일의 식사 준비를 책임지고 있기 때문입니다)이 합니다. 각 가정의 나머지 어른들은 식탁에 둘러앉습니다. 남자들은 벽 쪽으로 앉고 여자들은 바깥 쪽으로 앉습니다. 이렇게 자리를 나눈 이유는 임신부들에게 있을 수 있는 일이지만, 만일 여자들이 갑자기 진통을 일으키면 다른 사람에게 방해가 되지 않게 자리를 떠나서 육아실로 갈 수 있도록 하기 위해서입니다.

---

15 시포그란투스의 감독을 받은 30세대의 사람들을 말한다.

육아실이란 산모와 갓난애를 위해 마련된 방으로, 언제나 따뜻한 불이 있고 맑은 물이 준비되어 있습니다. 또한 요람도 많아서 어머니는 갓난애를 요람에 눕힐 수도 있고, 어머니가 원하면 아기의 옷을 벗기고 따뜻한 불 앞에서 놀게 할 수도 있습니다. 어머니가 병을 앓거나 사망하지 않는 한, 갓난아기는 어머니가 키웁니다. 어머니가 사망했거나 병든 경우에는 시포그란투스의 아내가 즉시 유모를 구합니다. 유모를 구하는 것은 쉬운 일입니다. 유모가 될 자격이 있는 부인들이 자진하여 기꺼이 이 일을 맡기 때문입니다. 이러한 봉사활동은 다른 사람들에게 칭찬을 받으며 어린아기도 언제까지나 유모를 친어머니처럼 따릅니다.

육아실은 5살 미만의 아이들이 식사를 하는 곳이기도 합니다. 5살 이상부터 아직 결혼 연령에 도달하지 못한 소년 소녀는 식당에서 심부름을 하고, 식사 시중을 들지 못할 만큼 어릴 때는 식탁 곁에 조용히 서 있습니다. 이 아이들의 식사 시간은 따로 정해져 있지 않으며 어른들이 식탁에서 종종 집어 주는 음식을 먹습니다.

상석(上席)은 식당 위쪽의 단 위에 있는 한층 높은 식탁인데, 여기서는 식당 안의 모든 사람들을 한눈에 바라볼 수 있습니다. 이 자리에는 시포그란투스 부부와 두 명의 최연장자가 앉습니다. 4명씩 짝을 지어 식사하는 풍습 때문입니다. 그 거리에 교회가 있을 때는 성직자 부부가 우대를 받게 되어 있어, 시포그란투스와 같이 앉습니다. 그 양쪽으로는 네 명의 젊은이가, 그 다음에는 이들보다 나이 든 사람들이 앉는데, 식당에서는 모두 이와 같은 방법으로 앉습니다.

다시 말하면 비슷한 나이 또래들과 앉기는 하지만, 나이가 다른 사람들과도 섞이도록 자리 배치가 되어 있는 것입니다. 이와 같이 좌석을 배치하는 것은 연장자에 대한 존경심 때문에 젊은이들이 경거망동을 삼가기 때문입니다. 젊은이들의 언행은 바로 옆에 앉아 있는 나이 많은 사람들에게 알려집니다.

음식을 나누어 줄 때도 식탁에 앉은 순서대로 나누어 주지는 않습니다. 특별한 표시를 해 놓은 자리에 앉은 최연장자들에게 먼저 제일 많이 주고 난 후 그 나머지를 다른 사람에게 골고루 나누어 줍니다. 그러나 특별히 맛있는 음식이 있어 골고루 나누기에 부족한 경우, 연장자는 옆의 나이 어린 사람에게 적절히 나누어 줍니다. 따라서 연장자를 충분히 존중하면서도 결과적으로는 누구나 골고루 먹게 되는 셈이 됩니다.

점심과 저녁 식사 전에는 선행과 미덕에 관한 명언을 낭독하는데, 낭독이 매우 짧으므로 지루하지는 않습니다. 연장자들은 식사하면서 이야기를 나누는데, 활기가 없거나 엄숙하지 않습니다. 그들은 식사가 끝날 때까지 자기들끼리만 이야기를 나누지는 않습니다. 오히려 젊은이들의 대화에 즐거이 귀를 기울이며, 일부러 대화에 끼어들 기회를 주어서 포근하고 자연스런 분위기를 만들어 저절로 표출되는 청년들의 성격과 지혜를 알아냅니다.

점심 시간이 끝나면 곧 일을 해야 하므로 점심 시간은 짧지만, 저녁을 먹고 나면 밤새도록 수면을 취하기 때문에 저녁 시간은 길어집니다. 천천히 식사하는 것이 소화에 많은 도움이 된다고 그들은 생각합니다. 음악을 들으며 저녁을 먹은 뒤, 그들은 여러 가지 단것과 과일을 먹습니다. 또한 그들은 식사 도중 향을 피우거나 식당에 향수를 뿌립니다. 그들은 사람들을 즐겁게 하는 일은 무엇이든 합니다. 해롭지 않는 한 어떤 쾌락도 금지해서는 안 된다고 생각하기 때문입니다.

이것이 도시에서의 공동생활입니다. 농촌에서는 집들이 서로 멀리 떨어져 있으므로 도시에서처럼 공동 식사를 하지 않고 각자의 집에서 식사를 합니다. 물론 그들도 도시 사람과 똑같이 좋은 음식을 먹습니다. 그들이 도시 주민들에게 식료품을 공급하고 있기 때문입니다.

여행과 무역

다른 도시에 사는 친구를 만나보고 싶거나 다른 도시를 방문하고 싶으면 당장 꼭 해야 할 일이 없는 경우, 소속 시포그란투스와 트라니보루스에게 신청하면 쉽게 여행 허가를 얻을 수 있습니다. 왕이 서명한 단체 여행증명서를 갖고 단체로 여행을 떠나는데, 여행증명서에는 돌아올 날짜까지 적혀 있습니다. 여행자에게는 소가 끄는 마차와 그 소를 모는 한 명의 노예가 제공됩니다. 그러나 여행단체에 여자가 없는 경우에는 대부분의 사람들은 이

우마차를 오히려 귀찮게 생각하여 거절합니다.

어디를 가거나 집에 있을 때와 같이 편안하며, 또 필요한 것을 모두 얻을 수 있기 때문에 짐을 가지고 갈 필요가 없습니다. 어떤 곳에 하루 이상 머무를 경우는 자기가 하던 일을 그곳에서 계속 할 수 있습니다. 같은 일에 종사하는 사람들이 대환영을 하기 때문입니다.

여행증명서 없이 다니다가 자기 구역 밖에서 발각되면, 그는 비난과 함께 고향으로 송환되며, 탈주자로서 엄중한 처벌을 받습니다. 이를 한 번 더 위반하면 노예가 되는 것입니다. 도시 근처의 농촌을 거닐고 싶을 때는 아버지가 허락하고 아내의 동의를 얻으면 마음대로 외출을 할 수 있습니다.

물론 농촌에 가서 오전이든 오후든 한나절 동안 일을 하지 않으면 먹을 것을 얻지 못합니다. 그러나 일만 한다면 자기가 속한 도시의 구역 내에서는 어디든지 마음대로 다닐 수 있으며, 집에 있을 때와 마찬가지로 사회의 구성원으로서 유용한 존재일 수 있습니다.

여러분은 그들이 어떻게 생활하는지 아셨겠지요? 그들은 어느 곳에서나 항상 일을 해야 합니다. 게으름을 피울 구실은 전혀 없습니다. 술집도, 매음굴도, 타락할 기회도, 비밀회의 장소도 없는 것입니다. 모든 사람이 지켜보고 있기 때문에 실제로 자기가 하던 일을 계속하지 않을 수가 없고, 여가도 제대로 보내지 않을 수가 없는 것입니다.

이러한 제도 아래에서는 무엇이든 풍족하고 또 전주민에게 모든 것이 균등하게 분배되기 때문에 가난한 사람이나 거지는 존재할 리 없습니다. 앞에서 말했지만 각 도시는 3명의 대표를 아마우로툼에서 열리는 연례적인 세나투스 멘티라누스[16], 즉 의회에 보냅니다. 의회에서는 그 해의 생산량을 자세히 조사하여, 어떤 지역은 어떤 생산물이 풍부하며, 어디에는 무엇이 부족한지 밝혀냅니다. 그리고 즉시 서로 부족한 부분을 채우고 풍족한 부분을 나누어 균등한 분배를 합니다. 이러한 양도는 일방적인 조치로서, 무상으로 이루어집니다. 모두가 물자를 거저 주고받기 때문에 섬 전체가 하나의 대가족과 같은 분위기입니다.

그들은 자신들에게 필요한 것을 충분히 저장하고(다음 해에 예기치 않은 일이 일어나더라도 넉넉히 한 해를 견딜 수 있을 만큼 충분히 저장해 놓아야 그들은 안심합니다) 나머지는 수출합니다. 이러한 수출품은 다량의 곡물, 꿀, 양털, 아마(亞麻), 목재, 진홍빛 및 자줏빛 옷감, 생가죽, 가죽 등입니다. 수출품의 7분의 1은 그것을 수입하는 나라의 가난한 사람들에게 무료로 나누어 주고, 나머지는 비싸지 않게 적절한 가격으로 팝니다. 이러한 외국 무역을 통해 필요한 물건을 충분히 수입(보통 철뿐이지만)할 뿐 아니라 막대한 현금 수입을 얻게 됩니다.

사실 장기간에 걸쳐 그들은 믿을 수 없을 만큼 많은 금과 은을 모았습니다. 따라서 요즘은 현금 거래든 외상 거래든 관심을 두지 않습니다. 그러나 외상인 경우, 그들은 개인 증서는 받지 않고 수입 지역의 관청이 서명하고

---

16 mentiri(거짓말)라는 말에서 유래한 모어의 조어(造語)인 것 같다.

봉인하여 교부한 합법적인 계약서를 요구합니다. 지불 기일이 되면, 이 관청은 관련된 개인들로부터 돈을 거두어 시금고(市金庫)에 넣어 두고, 유토피아 인들이 청구할 때까지 그 돈을 적당히 이용합니다. 그런데 대부분의 유토피아 인들은 청구를 하지 않습니다. 그들은 자신에게는 꼭 필요하지도 않으면서 그것을 반드시 필요로 하는 다른 사람에게 빼앗는 것은 부당하다고 생각하기 때문입니다.

그러나 그 돈의 일부를 다른 나라에 대부해 줄 필요가 생기면, 그들은 청산을 요구하고 또 전쟁이 일어나면 청구합니다. 위기에 처하거나 비상사태가 발생했을 때 시민을 보호해야 하기 때문입니다. 이 돈은 주로 외국인 용병을 고용하는 데 사용됩니다. 그들은 국민들의 생명을 위기로 내몰기보다는 외국인 용병이 대신하게 합니다. 또한 그들은 충분한 보수를 미끼로 적군을 매수하여 서로 배반하게 만들거나 혼란을 일으키게 할 수 있다는 것을 잘 알고 있습니다. 그들이 많은 귀금속을 저장하고 있는 이유는 바로 이 때문입니다.

금은 및 그 보관 방법

그들은 귀금속을 보물로 여기지는 않습니다. 사실은 여러분이 내 말을 믿지 않을까 염려스러워서 그들이 보물을 대수롭지 않게 여긴다는 것을 말하기 거북합니다. 직접 내 눈으로 보지 않았더라면 나 자신도 믿기 어려울 것이라고 생각하니 이러한 염려는 당연한 것이지요. 일상의 관습과 너무도 다른 일은 믿지 않으려는 것이 인간의 상정이겠지요. 그러나 그들의 또 다른 관습도 우리들의 관습과는 전혀 다르다는 점을 고려하면, 그들의 금이나 은 사용법이 그리 놀라운 일도 아니라고 저는 생각합니다. 특히 그들은 돈을 사용하지 않으며, 다만 앞으로 발생할지도 모를 위기에 대한 대비책으로 간직하기만 합니다.

따라서 돈의 재료가 되는 금이나 은에 대해 귀중한 가치를 부여하는 사람은 한 명도 없습니다. 금이나 은의 진가는 철의 진가에 훨씬 못 미친다는 것은 분명합니다. 인간은 불이나 물이 없으면 살 수 없는 것과 마찬가지로 쇠 없이는 살 수 없습니다.

금은의 희소가치에 대한 어리석은 생각만 없다면, 누구나 금은이 없어도 생활하는 데 지장이 없는 것입니다. 그래서 현명하고 자비로운 부모님과 같은 자연은 흙, 공기, 물처럼 가장 귀중한 것을 모두 눈앞에 드러내 놓았으면서도 우리에게 불필요한 것은 보이지 않는 곳에 감추어 두었습니다.

그런데 만일 그들이 이 귀금속을 금고 속에 감추어 두었다면, 왕이나 트라니보루스들이 국민을 속이고 이 귀금속을 이용하여 사사로이 이익을 추구하는 것이 아닐까 하는 어리석은 생각(일반 사람들은 이런 일에 뛰어난 재주를 가지고 있습니다)을 품게 될지 모릅니다. 물론 금과 은으로 장식용

접시나 기타 장식품을 만들 수도 있습니다. 그러나 그렇게 되면 사람들이 이러한 장식품을 좋아하게 되어 장식품을 녹여서 병사들에게 지불해야 될 때가 되면, 일이 아주 난처하게 되는 것입니다. 이와 같은 폐단을 막기 위해 그들은 그들의 다른 습관과는 일치하지만 우리의 습관과는(특히 금을 소중히 감추어 두려고 하는 우리의 태도와는) 정반대의 제도를 만들어 냈습니다.

여러분은 직접 목격하기 전에는 도저히 믿지 못할 것입니다. 이 제도에 의하면 식기나 컵은 유리나 토기와 같은 값싼 재료를 사용해 아름다운 모양으로 만들어 내지만, 가정용이나 공동용으로 쓰는 더러운 일상 용품은 금이나 은을 재료로 사용해서 만듭니다.

또한 그들은 노예를 묶어두는 사슬이나 쇠고랑을 순금으로 만들며, 참으로 부끄러운 죄를 범한 죄수에게는 귀와 손가락에 금귀고리와 금반지를 끼워 주고, 목에는 금목걸이를, 머리에는 금관을 씌워 줍니다. 그들은 은이나 금을 경멸하게 만드는 모든 방법을 사용합니다. 따라서 그들이 가지고 있는 금이나 은을 모두 내놓아야 할 때가 오더라도(다른 나라에서는 이를 자신의 생명을 내놓는 것보다 더 아깝게 여기지만) 유토피아 인들은 조금도 아까워하지 않는 것입니다.

보석도 마찬가지입니다. 해변에는 진주가 있고, 어떤 바위에서는 다이아몬드와 석류석이 발견되지만, 그들은 이러한 보석을 찾아 헤매지는 않습니다. 그러나 우연히 발견하면 주워다가 어린이들의 완구로 사용합니다. 어린이들은 처음에는 이러한 보석을 자랑합니다. 이러한 보석은 육아실에서만 달고 다니기 때문에 어린이들이 성장하면 부모가 주의를 주지 않더라도 자존심 때문에 보석을 버립니다. 마치 우리네 어린이들이 성장하면 인형이나 호두껍질, 부적 따위를 내버리는 것과 같습니다. 이와 같은 진기한 관습으로 인해 진기한 반응을 일으킨다는 것을 아네몰리우스[17]의 교관들의 경우를 보고 저는 생생하게 깨달았습니다.

제가 그곳에 머물러 있을 때 이 외교사절들은 아마우로툼시를 방문했습니다. 이 외교사절들은 매우 심각한 문제를 협의하러 왔기 때문에, 각 도시에서는 이들과 협상하도록 3명의 대표를 파견했습니다. 그런데 이전에 유토피아에 왔던 외국의 사절들은 가까운 지방에서 왔기 때문에 모두 유토피아 인들의 사고방식을 잘 알고 있었습니다. 그들은 유토피아에서는 값비싼 옷과 비단은 경멸을 받으며, 금이 수치스러운 것으로 간주되는 나라임을 알고 있어서 유토피아에 올 때는 가능한 한 수수한 옷차림을 했습니다.

그러나 아네몰리우스 사람들은 멀리 떨어진 곳에 살기 때문에 유토피아 인과 별로 접촉이 없었습니다. 그들이 아는 것은 고작 유토피아에서는 누구나 같은 옷을 입으며, 그 옷도 더 좋은 것이 없기 때문에 허술한 옷을 입

---

17 아네몰리우스(anemolius)는 anemos(바람)에서 온 말로 '허영에 들뜬 사람'이라는 뜻. 호머가 가끔 자랑을 일삼는 사람들에게 이 말을 사용했다.

는 것이라고 생각할 정도였습니다. 그러므로 그들은 사교적이라기보다는 오히려 오만한 정책을 채택했습니다. 그들은 신이나 입을 듯한 호화찬란한 옷으로 차려입고서, 화려한 몸치장으로 유토피아 인들을 현혹시키려 했던 것입니다.

3명으로 구성된 외교사절단이 도착했습니다. 그런데 수행원은 100명이나 되었으며, 그들은 모두 비단으로 만든 요란한 색깔의 옷을 입고 있었습니다. 귀족들은 번쩍거리는 금박 박힌 옷을 입고 금 목걸이를 걸고 귀에는 달랑거리는 금 귀고리를 달고 손가락에는 금반지를 끼었습니다. 그들의 모자에는 진주와 보석들이 총총히 박힌 금사슬이 달려 있었습니다. 바꾸어 말하면, 그들은 유토피아에서는 노예를 처벌하거나 죄수를 욕보이기 위해서, 또는 어린애들의 장난감으로 쓰이는 보석들로 몸치장을 했던 것입니다.

그것은 그야말로 큰 구경거리였습니다. 3명의 외교사절단은 유토피아 인들의 옷차림과(물론 거리는 사람들로 가득 찼었지요) 자신의 옷차림을 비교해 보고 몹시 뽐내었습니다. 그러나 그 결과는 그들이 기대하던 것과는 정반대였기 때문에 실망을 금할 수 없었습니다. 짐작하시겠지만, 유토피아 인들에게는 해외에 갈 기회가 있는 소수의 사람을 제외하고는 번쩍거리는 보석은 모두 수치스러운 것이었습니다. 그러므로 유토피아 인들은 사절단의 수행원들에게는 최대의 경의를 표했으나, 금사슬로 치장한 외교관들은 노예가 틀림없다고 여겨 완전히 경멸해 버렸습니다.

진주나 보석 따위에 싫증이 난 소년 소녀들이 외교사절의 모자에 달린 진주나 보석을 대했을 때의 표정을 상상해 보십시오. 아이들은 어머니의 옆구리를 찌르면서 속삭였습니다.

"엄마, 저 바보스러운 어른들 좀 봐! 저렇게 나이가 들어서도 보석을 달고 있어요."

어머니는 엄숙한 표정으로 대답했습니다.

"쉿, 입 다물어! 저 사람은 대사님이 데리고 다니는 바보일 거야."

금사슬에 대해서도 많은 비판이 나왔습니다. 어떤 사람은 이렇게 말했습니다.

"저 사슬은 대단치 않은걸. 너무 허술해서 노예가 쉽게 끊어 버리겠어. 게다가 너무 얄팍하구나. 도망갈 생각만 있으면 언제든지 노예가 벗어 버리고 달아날 수도 있겠어!"

아네몰리우스에서 온 사람들은 하루 이틀 묵는 동안에 이런 사정을 깨닫기 시작했습니다. 유토피아에서는 금이 흔해서 전혀 가치가 없고, 자신들이 금을 좋아하는 이상으로 진정 금을 경멸한다는 사실을 알았습니다. 또한 도망을 가려다가 잡힌 한 사람의 노예가 그들 세 사람이 가진 금과 은을 합친 것보다도 더 많은 금과 은을 몸에 감고 다닌다는 것도 알았습니다. 그래서 그들은 결국 으스대기는커녕 오히려 부끄러워했으며, 뽐내던 모든 장식품을 벗어 버렸습니다. 특히 이 손님들에게 유토피아의 관습과 사상을 자세히 설명한 후부터는 더욱 그랬습니다.

도덕적 철학

하늘에는 온갖 별들이 빛나고 있음에도 불구하고 그 별빛보다 희미한 작은 돌조각에 매혹되고, 또 질이 좋은 양털로 짠 옷을 입었다고 해서 유토피아 인들보다 더 잘났다고 뽐내는 사람들을 유토피아 인들은 도무지 이해할수 없었습니다. 아무리 좋은 양털 옷이라 하더라도, 그 양털 옷을 처음 입고 있던 것은 양인데, 좋은 양털 옷을 입었다고 해서 그 양보다 더 훌륭해질 수는 없습니다.[18]

또한 유토피아 인들은 현재 세계 곳곳에서 금과 같은 전혀 쓸모없는 물건을 인간 자신보다 더 소중하게 여기는 까닭을 이해하지 못합니다. 그 결과 납덩어리나 나무토막만한 지능밖에 갖지 못한 저능아가, 또 행실마저 바르지 못한 자가 단지 금화를 많이 가졌다는 이유만으로 자기보다 훨씬 우수하고 선량하고 현명한 사람들을 마음대로 부리게 되는 것입니다.

어떤 불운이나 법의 허점에 의해서(이 두 가지는 사태를 역전시키는 효과적인 방법입니다) 금화가 갑자기 가장 비천한 하인배의 손으로 넘어가면, 현재의 소유주는 마치 화폐 조각처럼 돈에 딸려가서 자신이 부리던 하인의 하인이 되어 버립니다. 그러나 유토피아 인들이 가장 추하게 생각하는 것은, 부자에게 빚을 지거나 머리 숙여야 할 하등의 이유도 없으면서 단지 그

---

18 루시안의 풍자를 인용하였다.

가 부자라는 점 때문에 그를 존경하는 어리석은 태도입니다.

유토피아 인들이 이러한 사상을 갖게 된 원인 중 하나는 이러한 어리석은 제도와는 정반대의 사회제도 밑에서 양육되었다는 데 있으며, 또 하나는 그들의 독서와 교육입니다. 이미 말한 바와 같이 어릴 때부터 특별한 재능과 뛰어난 지혜, 그리고 각별한 학구열을 가졌다고 인정된 각 도시의 소수 사람들을 제외하고는, 하루 종일 학문에만 전념할 수는 없습니다. 그러나 모든 어린이들은 일반적인 교육을 받으며, 또한 대부분의 남녀는 이미 말한 바와 같이 평생 동안 여가를 이용하여 독서를 계속하고 있습니다.

유토피아에서는 모든 것을 자기 나라 말로 가르칩니다. 이 나라 말은 풍부한 어휘를 갖고 있으며 발음이 유쾌하고 다감합니다. 다소 사투리가 있기는 하지만, 전국적으로 한 가지 표준어를 쓰고 있습니다.

우리가 도착하기 전까지 그들은 유명한 유럽 철학자의 이름조차 모르고 있었습니다. 그렇지만 음악, 논리학, 수학 및 기하학 분야에서는 우리들의 고대의 권위자가 발견한 것과 본질적으로 동일한 원리를 이미 발견하고 있었습니다.

그러나 고대문명에 있어서는 대체로 우리들과 거의 같은 성과를 이루고 있었지만, 현대 논리학 분야에서는 상당히 뒤떨어져 있었습니다. 예를 들면 그들은 한정, 확충, 가정 등의 규칙은 전혀 발견하지 못했던 것입니다. 이러한 것은, 여기서는 우리 학생들이 어릴 때부터 배우는 《소논리학(小論

理學)》[19]에 매우 교묘하게 설명되어 있지요.

또한 그들은 '2차 개념'[20]을 모르고 있을 뿐만 아니라, '인간'과 같은 악명 높은 '보편개념'[21]의 존재는 상상조차 못했습니다. 아시다시피 보편개념으로서의 인간은 일찍이 들어 본 어느 거인보다도 확실한 모양을 하고 있지만, 우리가 아무리 이 인간을 명백히 지적해 주어도 유토피아 인 중에는 알아듣는 사람이 하나도 없었습니다.[22]

한편 그들은 천문학에는 정통하고 있었으며, 해, 달 및 그들이 사는 반구(半球)에 나타나는 기타 모든 천체의 정확한 위치와 운행을 측정하는 몇 가지 정밀한 기구를 발명했습니다. 그러나 천문학에 있어서도 유성(遊星) 간의 화합과 반발, 성점(星占) 등의 모든 협잡 따위는 상상조차 하지 못했습니다.

그들은 오랜 경험으로 비나 바람이 다가오거나 그밖의 기후의 변동 원인

---

19 1276~1283년까지 법황으로 재임했던 페트루스 율리아니, 또는 히스파누스의 《논리학대전》을 말하며 흔히 '소논리학'이라는 별칭으로 불렀다.
20 중세의 논리학 용어로 1차 개념은 '나무', '새' 등과 같이 사물 자체에 대해 직접 최초로 인식하는 개념이며, 2차 개념은 1차 개념 상호간의 관계를 1차 개념에 적용함으로써 형성되는 것으로 유(類), 종(種), 변화, 내용, 우연성, 차이, 동일성 등이다.
21 인간이라는 보편개념을 악명이 높다고 한 것은 중세의 유명한 실념론자(實念論者)와 유명론자(唯名論者) 간의 보편 논쟁을 풍자한 것이다. 실념론자들은 실재하는 것은 오직 개념뿐이라고 주장한데 반해, 유명론자는 개념은 다만 필요에 따라 인위적으로 만들어 낸 기호에 지나지 않고 실재하는 것은 오직 개체뿐이라고 했다.
22 여기서 보편개념을 거인보다 더 뚜렷한 모양을 갖는다고 한 것은 개념적 규정의 정밀성을 지칭하는 것이다. 사물의 본질을 나타내는 개념은 분명히 개개의 사물보다는 그 내용이 명확하다. 그러나 개체와 본질을 분리할 줄 모르는 사람에게는 보편개념은 매우 어려운 것이다. 여기서 모어는 당시의 논리학이 얼마나 무용한 것인가를 풍자하고 있다.

등을 알고 있었습니다. 그리고 그들에게 이러한 현상을 이론만으로 설명하라고 하거나, 바닷물이 짠 이유, 밀물과 썰물의 원인, 또는 우주의 기원과 본질의 일반적인 설명을 묻는다면 그들의 답은 가지각색일 것입니다.

이런 답 중에 어떤 것은 우리 고대 철학자의 견해와 일치한 점도 있으니, 이러한 견해는 언제나 구구하기 마련이므로 유토피아 인들이 그들 나름대로 새로운 학설을 세웠으며, 그 학설들이 완전히 일치하지 않는다고 하더라도 놀라운 일은 아닙니다.

윤리학 분야에서는 우리와 똑같은 문제를 논의하고 있습니다.[23] 선을 심리적 · 생리적 · 환경적 세 유형으로 구분한 다음, 선(善)이라는 용어를 엄밀한 입장에서 세 유형 전부에 적용시킬 수 있는지, 또는 오직 심리적인 것에만 적용시킬 수 있는지를 문제로 삼습니다.

그들은 또한 덕과 쾌락에 대해서도 논의합니다. 그러나 그들의 주요한 토론 주제는 인간의 행복의 본질이 무엇이며, 행복의 요인은 한 가지인가 또는 여러 요인이 있는가 하는 것입니다. 이 점에서 그들은 쾌락주의적 경향이 짙은 것 같습니다. 그들의 견해에 따르면 인간의 행복은 전적으로 쾌락에 있다고 하기 때문입니다. 매우 놀랍게도 그들은 이러한 이론을 종교 (보통은 비록 음울한 금욕주의는 아니라 하더라도 더욱 심각한 인생관과 결부되

---

23 유토피아의 도덕적인 이상이 제시되는데, 유토피아의 도덕설은 에피쿠로스의 쾌락주의와 스토아 학파의 금욕주의가 바탕을 이루고 있다. 그리고 이러한 유토피아의 도덕 철학은 동시에 모어의 도덕 철학과도 통한다.

어 있는 종교)적인 근거에 의해 옹호합니다. 행복을 논할 때, 그들은 이성적 논리를 보충하기 위해 종교적 원리에 근거를 두는데, 그렇게 하지 않으면 참된 행복을 찾아내기에는 부족하다고 생각하는 것입니다.

그들이 믿는 종교적 원리는 첫째로 모든 영혼은 영원불멸하며, 또한 자비로운 신에 의해 창조되었고, 신은 영혼에 행복을 약속했다는 것입니다. 둘째로는 우리가 현세에서 행한 선이나 악에 따라 내세에서 보상이나 처벌을 받는다는 것입니다. 이러한 종교적 원리들을 받아들이는 데 있어서 유토피아 인들은 합리적 근거를 마련했습니다.

이러한 원리를 고려하지 않는다고 합시다. 그러면 어느 누구도 해야 할 일을 가려서 말하지 않을 것이며, 누구든지 선악을 묻지 않고 자기 자신의 쾌락을 누리기에 몰두할 것입니다. 작은 쾌락이 큰 쾌락을 방해하지 못하도록 하고, 그 뒤에 고통이 따르는 쾌락은 피하도록 조심하면 되는 것입니다.

무엇 때문에 덕을 쌓으려고 노력하고, 인생의 쾌락을 거부하며, 일부러 고통을 참아낸단 말입니까? 만일 그렇게 함으로써 아무것도 얻지 못한다면, 만일 고통스럽고 비참하게 살았는데도 사후에 아무런 보상도 받지 못한다면 무슨 희망을 갖고 살아가겠습니까?

그러나 그들은 모든 쾌락에 행복이 있다고 믿지는 않습니다. 선하고 정직한 쾌락만이 행복이라고 생각합니다. 또한 그들은 전혀 이질적인 학파에 속하지 않는 한, 덕 자체가 행복이라고 하지도 않습니다. 일반적으로 행복은 최고의 선이며, 우리는 덕에 의해 자연히 이러한 최고의 선에 이끌려 가는데, 그들에 의하면 이 최고의 선은 인간의 자연적 충동[24]에 따르는 것입니다. 그러나 본능은 어디까지나 이성에 복종해야 합니다. 그리고 이성은 첫째로 우리를 존재하게 하고, 또 행복의 가능성을 준 전지전능한 신을 사랑하고 경배하며 자연에 따라 말하고 가르치고, 둘째로 평생을 가능한 한 편안하고 즐겁게 살며, 또한 다른 사람들도 그처럼 생활하도록 도와주어야 한다는 것을 가르칩니다.

사실 가장 엄격한 금욕주의자들이 쾌락을 증오하는 데에는 약간의 모순이 있습니다. 엄격한 금욕주의자는 고생과 철야 기도와 고행을 요구하는 동시에 다른 사람들의 고통과 빈곤을 덜어 주기 위해 최선을 다하라고 말합니다. 그는 인간을 곤경으로부터 구제하는 이러한 행위를 인간성의 발로라고 하여 찬양할 것입니다. 사실 인간에게 있어서 다른 사람을 불행과 고통으로부터 구제하고, 삶의 희열, 곧 쾌락의 능력을 소생시켜 주는 것보다 더 인간적이며 자연스러운 일은 없을 것입니다. 그렇다면 자기 자신을 위해 그러한 일을 하는 것은 왜 자연스럽지 않단 말입니까?

삶을 즐기는 것, 곧 쾌락적인 생활이 나쁜 일이라면 다른 사람의 삶의 향

---

24 원문은 '자연에 따라 사는 것'으로 되어 있다. 이것은 스토아 학파에서 규정한 덕과 일치한다. 그러나 유토피아 인들은 스토아 학파와는 달리 쾌락을 강조하고 있으므로, 베스푸치가 《신세계》에서 말한 사람들, 즉 '자연에 따라 살며, 따라서 스토아적이라기보다는 에피쿠로스적이라고 할 수 있는' 사람들과 유사하다.

락을 도와주어서는 안 될 뿐 아니라, 전인류를 이러한 저주받은 운명으로부터 구제하도록 노력해야 할 것이며, 그렇지 않고 삶의 향락이 다른 사람에게 선이라면 남이 즐거움을 갖도록 도와주는 것이 당연하며, 적극적으로 남을 위해 그렇게 하는 것이 의무입니다. 그렇다면 자기 자신에게 자선을 베풀어서 안 될 이유는 없지 않습니까? 결국 이웃에 대해서와 마찬가지로 자기 자신에 대해서도 의무를 갖고 있어야 하는 것입니다.

남에게 친절하라고 명령하면서, 자기 자신에게는 잔인해야 한다고 명령할 수는 없는 일입니다. 그러므로 유토피아 인들은 삶의 향락, 곧 쾌락을 인간의 온갖 노력의 자연적인 목표라고 생각하며, 자연에 순응하는 것이 곧 덕이라고 생각합니다.

자연은 즐거운 생활을 하는 데 있어서 서로 돕기를 바라고 있습니다. 어떠한 사람도 자연의 사랑을 독점할 수는 없기 때문입니다. 자연은 인류 각자의 행복에 대해 균등하게 작용한다고 그들은 믿습니다. 그러므로 자연은 다른 사람의 이익을 희생시키면서까지 자기 자신의 이익을 추구해서는 안 된다고 명령을 내립니다.

이러한 원칙에 따라, 그들은 약속을 지키고, 현명한 통치자에 의해 정당하게 제정되었거나, 어떠한 압력이나 속임수 없이 전국민의 의견에 의해 통과된 법률은 지키는 것이 옳다고 생각합니다. 법이 허락하는 범위 내에서 자기 자신의 이익을 고려하는 것이 현명한 처사이지만, 사회의 이익을 고려하는 것은 도덕적 의무입니다.

다른 사람으로부터 한 가지 쾌락을 빼앗아 자신이 향락하는 것은 옳지 못하지만, 자기 자신의 쾌락을 줄여서 다른 사람의 향락에 보태 주는 것은 박애정신의 발로이며, 이러한 행위는 잃은 것보다 더 많은 보상을 받게 됩니다. 첫째로 이러한 친절은 보통 똑같은 보답을 받습니다. 둘째로 보답은 받지 못한다 하더라도 남에게 친절을 베풀어서 그에게 즐거움을 주었다는 생각만으로도 물질적인 만족의 상실을 보상하고도 남을 만큼의 정신적인 만족을 얻게 됩니다.

그리고 종교적인 사람이 흔히 갖는 신념이지만, 신이 조그마한 일시적인 쾌락을 희생한 보상으로 영원하고 완전한 즐거움을 줄 것입니다. 따라서 결과적으로 가장 덕이 있는 행위를 할 때에도, 누구든지 쾌락을 궁극적인 행복으로 여긴다고 유토피아 인들은 말합니다.

그들은 쾌락을 자연적으로 즐길 수 있는 육체적, 또는 정신적 활동 상태라고 정의합니다. 여기서 가장 중요한 말은 '자연적'이라는 말입니다. 그들의 주장에 의하면, 우리는 남을 해롭게 하거나 보다 큰 쾌락을 없애 버리거나, 또는 불유쾌한 후회를 남기지 않는 한, 이성과 본능에 의해 쾌락을 향유하도록 이끌어진다는 것입니다.

그러나 우리 인간은 자연적으로는 결코 누릴 수 없는 것을 쾌락이라고 부름으로써 어리석은 잘못을 범해 왔습니다. 유토피아 인들은 이러한 쾌락은 행복을 주기는커녕 행복을 감소시켜 버린다고 확신합니다. 이러한 쾌락에 젖어 버리면 진정한 쾌락을 누리는 모든 능력을 상실하고, 오직 사이비 쾌락에 빠져 버리게 됩니다. 이러한 사이비 쾌락은 전혀 즐거움이 없으며 대부분은 불쾌한 것입니다. 그런데 이러한 변태적인 유혹에 빠진 자들은 사이비 쾌락을 생의 가장 중요한 쾌락으로 여길 뿐 아니라, 살아가는 주요 목표로 생각하기도 합니다.

사이비 쾌락에 탐닉하는 무리에는 앞에서 언급한 바 있듯이, 옷을 남보다 잘 입고 남보다 잘났다고 여기는 사람들이 포함됩니다. 실제로 그러한 사람은 옷에 대해서만이 아니라 자기 자신에 대해서도 잘못을 저지르고 있습니다. 실용적 입장에서 보더라도, 곱게 뽑은 양털 실로 짠 옷감으로 만든 옷이 거친 실로 짠 옷감으로 만든 옷보다 나을 이유가 있습니까? 그러나 옷을 잘 입었다고 잘난 체하는 자는, 고운 실로 짠 옷감으로 만든 옷은 원래 고귀하여, 그러한 옷을 입으면 자기 자신의 가치도 높아진다고 생각하고 있습니다. 그래서 그는 호화로운 옷을 입으면 존경을 받아 마땅하다고 생각하고, 존경을 받지 못하면 몹시 화를 냅니다.

어느 누구에게도 이익이 되지 않는, 쓸데없는 행위를 중요하다고 여기는 것도 바보스러운 일이 아니겠습니까? 모자를 벗고, 무릎을 꿇고 절하는 것을 본다고 해서 참된 쾌락을 얻을 수 있습니까? 그렇게 한다고 무릎의 관절염이 낫거나 약간 돈 머리가 바로 고쳐지나요? 물론 이와 같은 인공적인 쾌락을 즐기는 많은 사람들은 스스로 귀족임을 뽐내는 자들입니다. 요즘은 우연히 수세대 동안 부자로 지낸, 주로 토지를 소유했던 지주 집안을 뜻할 뿐입니다. 토지와 같은 재산을 전혀 상속받지 못했거나, 상속을 받았으나 모두 탕진해 버렸을 때도 그들은 귀족 행세를 합니다.

앞에서 말한 보석에 집착하는 사람이 있는데, 그도 사이비 쾌락을 탐닉하는 자입니다. 그들은 진기한 보석, 특히 그 당시 자기 나라에서 특별히 값비싼(이러한 보석의 가치는 장소와 시대에 따라 달라집니다) 종류의 보석을 소유하게 되면 매우 으스댑니다. 그러나 그는 겉모습만으로는 믿을 수가 없어서 금을 모두 벗겨 내고 보석을 빼내서 자세히 살펴본 다음, 보석상에게서 진품이라는 엄숙한 보증서를 받고 나서야 삽니다. 그러나 자기 자신의 눈으로 가짜와 진짜를 구별하지 못한다면 모조품이라고 해서 쾌락을 주지 못할 까닭이 없지 않습니까? 진품이든 모조품이든 상관이 없는 것입니다. 더욱이 보석을 구별 못하는 장님에게는!

그저 바라보면서 즐기는 이외에는 아무런 이유도 없이 막대한 재산을 모으는 사람들은 어떻습니까? 그들의 쾌락은 참된 쾌락일까요? 혹은 단지 환상에 지나지 않을까요? 이와 반대되는 정신병자는 금화를 묻어 두고 사용하지 않으며, 심지어 다시 꺼내 보지도 않을 것입니다.

사실 그는 금화를 잃을까 봐 두려워서 일부러 금화를 버리는 것입니다. 그 자신이나 타인에게 전혀 이익이 되지 않는 곳에 금화를 묻어 둔다면 버린 것과 무엇이 다르겠습니까. 그럼에도 불구하고 그는 금화를 몰래 묻어 두고는 매우 행복해 하지요. 이제 걱정할 필요는 없으니까요. 그러나 도둑이 그 돈을 훔쳐 갔는데도 10년 동안이나 돈이 없어졌다는 사실을 모르고 죽었다고 상상해 보십시오. 그는 10년 동안 도둑맞은 돈이 그대로 있다고 믿은 채 살아 왔으니, 그 동안에 돈이 있었든 없었든 간에 그에게는 관계가 없는 것입니다.

그들은 도박(듣기는 했으나 실제로 해 본 적이 없는)만이 아니라 사냥도 어리석은 쾌락에 포함시킵니다. 그들은 탁자 위에 주사위를 던지는 것이 무슨 재미가 있느냐고 묻습니다. 설사 처음에는 약간 재미가 있었다 하더라도 너무 자주 반복하여 싫증이 났을 것이 틀림없다는 것이지요.

요란스럽게 짖어 대는 개 소리를 듣는 것이 즐거울 수 있습니까? 또 개가 산토끼를 쫓는 것을 보는 것이 개가 다른 개를 쫓는 것을 보는 것보다 더 재미있는 이유는 무엇입니까? 어느 경우든 기본적인 동작은 경주(경주를 즐긴다면)가 아니겠습니까? 그러나 눈앞에서 짐승이 갈가리 찢겨서 죽는 참혹함을 보는 것이 재미라고 한다면, 오히려 약하고 순하며 해롭지 않은 작은 짐승인 산토끼가 날쌔고 더 사나운 짐승에게 먹히는 것을 목격하고 가엾게 여기는 것이 당연하지 않을까요?

그러므로 유토피아 인들은 사냥은 자유인의 존엄성을 해치는 것이라고 여기고 그 모든 것을 백정에게 맡깁니다. 백정은 이미 말한 바와 같이 노예입니다. 그들은 사냥은 최악의 도살 행위로 생각하며, 이에 비하면 다른 도살은 그래도 어느 정도의 유용성과 명예로움을 갖고 있다고 생각합니다. 보통 백정은 가축을 죽이는 데 신경을 더 쓰며, 꼭 필요한 때만 도살합니다. 반면 사냥꾼은 오락을 위해서 애처로운 작은 동물을 죽이고 사지를 찢는 것입니다. 유토피아 인들은 짐승 중에서도 사람처럼 이와 같이 피에 굶주린 잔인한 짐승은 찾아보기 어렵다고 말합니다. 짐승도 천성이 잔인하거나, 또는 잔인한 사냥에 늘 사용되어 성질이 잔인해지지 않으면 그와 같지는 않습니다.

일반적으로 쾌락으로 여겨지는 것은 매우 많습니다. 그러나 유토피아 인들은 이러한 일에는 본질적인 쾌락이 전혀 없기 때문에 진정한 쾌락과는 아무런 관계가 없다고 믿습니다. 대부분의 사람들이 실제로 이러한 일을 즐기고 있고, 약간의 쾌락적 요소가 있다 하더라도 이러한 확신은 흔들리지 않습니다. 그들은 이것이 즐거운 일보다는 불안한 일을 더 좋아하게 만드는 악습관으로 인해 생긴, 순전히 주관적인 반응이라고 말합니다. 그것은 마치 임산부가 때로는 입덧 때문에 물보다는 소기름이나 테레빈 기름을 더 달라고 하는 것과 같지요. 그러나 아무리 사람들의 판단이 습관이나 병 때문에 잘못 내려진다 할지라도 쾌락의 본질은 다른 모든 것과 마찬가지로 변하지 않습니다.

그들은 진정한 쾌락을 두 종류, 정신적 쾌락과 육체적 쾌락으로 나눕니다. 정신적 쾌락에는 어떤 일을 이해하거나, 진리를 사색하는 데에서 얻어지는 즐거움이 포함됩니다. 또한 진실하게 살아온 과거에 대한 회상과 장차 보람된 일을 할 것이라는 확고한 희망도 포함됩니다. 육체적 쾌락은 두 종류로 구분됩니다.

첫째로 관능으로 즐겁게 해 줌으로써 오는 향락이 있습니다. 그것은 우리가 음식을 먹거나 마실 때처럼 신체의 자연적인 열에 의해 타 버릴 물질을 대처할 때 얻는 즐거움입니다. 또는 배설, 성교와 같이 과다한 것을 방출하거나, 또는 가려운 것을 비비거나 긁을 때 생기는 쾌감입니다. 그러나 신체기관의 필요를 직접 충족시켜 주거나 이전의 불쾌감을 없애는 것이 아니지만, 신비스러울 정도의 무형의 힘에 의하여 우리에게 만족감을 가져다 주는 것이 있습니다. 음악이 주는 쾌감이 그 한 예입니다.

둘째, 육체적 쾌락은 신체의 안락하고 정상적인 기능, 다시 말하면 어떠한 질병도 걸리지 않은 건강한 상태에서 생기는 것입니다. 정신적 불쾌감이 없는 경우에, 건강은 외적 쾌락의 도움이 없더라도 그 자체만으로 쾌감을 일으키는 것입니다. 물론 이러한 쾌감은 먹고 마시는 것과 같은, 보다 직접적인 쾌감보다는 덜 화려하고 남의 주목을 끄는 힘도 적지만, 그렇다 하더라도 흔히 생애 최고의 쾌락이라고 생각됩니다. 사실상 유토피아 인들은 이러한 쾌락은 모두 다른 쾌락의 기초이기 때문에 가장 중요한 쾌락이라는 점에 동의할 것입니다. 이러한 쾌락은 그 자체만으로도 생활에 즐거움을 주며, 이러한 쾌락이 없으면 다른 쾌락을 즐긴다는 것은 불가능합니다. 그러나 건강을 유지하지 못하면서 단지 고통만을 느끼지 않는 상태를 그들은 쾌락이라고 부르지 않고 무감각이라고 합니다.

어떠한 사상가들은 흔히 건강하다는 것은 질병과 대조될 때만 알 수 있는 것이므로, 정지 부동 상태의 건강은 쾌락이라고 부르는 것이 적절하지 않다고 주장했습니다. 그들은 이 문제를 자세히 검토했습니다. 그러나 이 이론은 이미 결론지어져서 모두들 건강이 가장 분명한 쾌락이라는 견해에 동의하고 있습니다. 그 이론은 다음과 같습니다. 곧 질병에는 고통이 따르는데, 고통은 쾌락과는 정반대의 것입니다. 질병은 건강과는 정반대이므로 건강은 쾌락입니다.

그들은 병 자체가 고통이냐, 또는 병에 고통이 수반되느냐 하는 점은 중요하게 생각지 않습니다. 어쨌든 그 결과는 마찬가지입니다. 따라서 건강 자체가 쾌락이든, 또는 건강이 쾌락을 동반하든 논리적으로 한결 같이 건강한 상태는 언제나 쾌락이 된다는 점에서 동일합니다.

또한 그들은 우리가 음식을 먹을 때, 다음과 같은 현상이 일어난다고 말합니다. 곧 악화되었던 건강이 음식물과 결합하여 배고픔의 공격을 물리칩니다. 이 전투는 서서히 확대되며, 정상적인 힘을 되찾는 과정이 바로 쾌감을 경험하게 만드는데, 이 쾌감은 매우 신선합니다. 건강이 실제 전쟁에서 쾌감을 얻는다면 건강이 승리를 즐겨서는 안 될 까닭은 없지 않습니까? 또는 건강이 결국 이전의 원기를 회복했을 때(원기 회복을 위해 건강은 줄곧 싸워 온 것입니다) 건강은 곧 혼수 상태에 빠져 성공을 알지 못하거나, 그 이익을 취하지 못한다고 생각해야 됩니까?

건강은 질병에 의해서만 의식된다는 사상에 그들은 전혀 동의하지 않습니다. 잠들어 있거나 병들어 있지 않다면, 누구든 기분이 좋다는 것을 확실하게 알 수가 있습니다. 둔하고 무딘 사람조차도 건강하다는 것은 즐거움임을 인정할 것입니다. 그런데 즐겁다는 것은 쾌락과 동의어가 아닙니까?

유토피아 인들은 특히 정신적 쾌락을 좋아합니다. 그들은 정신적 쾌락이 가장 고귀하다고 생각하며, 선행과 양심을 쾌락의 으뜸으로 생각합니다. 그들이 좋아하는 육체적 쾌락은 건강입니다. 물론 그들은 먹는 기쁨, 마시는 기쁨들이 있다고 생각하지만, 그것은 오로지 건강을 위한 쾌락입니다. 그들은 이러한 기쁨 자체가 쾌락이라고 생각하지는 않고, 질병의 은밀한 침입을 막는 방법이기에 즐겁다고 생각하는 것입니다. 현명한 사람은 약을 먹는 것보다는 질병을 예방하는 것을 더 좋아하며, 다른 사람이 주는 즐거움보다는 오히려 스스로 즐기는 것을 더 좋아한다고 말합니다.

이러한 쾌락이 행복을 준다고 생각한다면 완전한 행복은 굶주림, 목마름, 가려움, 먹기, 마시기, 문지르기, 긁기로 이루어진 생활에 있다는 것을 인정하게 되는 모순이 생기게 됩니다. 이러한 것은 분명히 가장 비천하고 더러운 것입니다. 이러한 쾌락은 불결한 것이므로 저속한 쾌락임이 분명합니다. 예를 들면 먹는 쾌락에는 반드시 굶주림의 고통이 따르기 마련인데, 쾌락과 고통이 같은 비율은 아닙니다. 고통은 보다 강렬하고, 보다 지속적이기 때문입니다. 고통은 쾌락보다 먼저 시작되며, 쾌락이 사라짐과 동시에 사라지는 것입니다.

그러므로 유토피아 인들은 불가피한 경우를 제외하고는 이러한 것을 쾌락으로서 높이 평가하지 않습니다. 그러나 그들은 이러한 쾌락도 즐기며, 인간이 끊임없이 계속해야 하는 일을 이와 같이 즐거운 것으로 만들어 준 데 대해 자연에 감사하고 있습니다. 만일 희귀한 병에 걸렸을 때와 마찬가지로 굶주림이 약에 의해서만 치유된다면 얼마나 지겨운 생활이 되겠는지 상상해 보십시오.

　유토피아 인들은 아름다움, 힘, 민첩성 같은 자연의 은총에 큰 가치를 부여하고 있습니다. 또한 그들은 보고 듣고 냄새를 맡는 쾌락에 민감합니다. 이것은 인간에게만 주어진 것입니다. 다른 동물들은 세상의 아름다움을 찬양하거나, 어떤 종류의 향기를 즐기거나(음식물을 가려 내는 방법으로 쓰기는 하지만) 화음과 불협화음을 구별하지 못하기 때문입니다. 유토피아 인들은 보고 듣고 냄새를 맡는 일이 삶의 일종인 맛있는 양념 구실을 해 준다고 말합니다.

　그러나 이러한 경우에 있어서도 유토피아 인들은 작은 쾌락이 큰 쾌락을 방해해서는 안 되며, 쾌락이 고통을 불러일으켜서는 안 된다는 규칙을 잘 지킵니다. 그들은 만일 쾌락이 부도덕한 경우에는 반드시 괴로움이 따른다고 생각합니다. 그러나 그들은 자신의 아름다움을 무시하거나, 힘을 혹사하거나, 민첩성을 나태하게 만들거나, 음식을 먹지 않아서 건강을 해치거나, 기타 자연의 은총을 손상시키는 일은 상상조차 하지 않습니다. 보다 큰 쾌락을 하느님으로부터 보상받게 되기를 바라면서 다른 사람이나 사회를 위해서 그와 같이 하는 경우는 있습니다.

　그들은 가공적인 덕을 위해, 또는 결코 발생하지 않을지도 모를 재난에 대비하여 자신을 단련하기 위해 자기 자신을 학대하는 것은 어리석다고 생각하기 때문입니다. 이러한 행위는 자멸이며, 자연에 대한 배은망덕한 태도라고 말합니다.

마치 자연으로부터 어떤 것을 빚졌다는 생각을 감당하기가 어려워, 자연의 모든 은총을 거부하는 것과 같다고 말합니다.

이것이 그들의 도덕관이며, 신의 계시 없이 인간의 정신이 이보다 더 숭고한 도덕설을 만들어 낼 수 없다고 믿고 있습니다. 우리는 이 도덕관의 시비와 또는 실제로 이것이 필수적인지 검토할 시간은 없습니다. 나는 지금 그들의 생활 방식을 이야기하는 것일 뿐, 그것을 변호하는 것은 아니기 때문입니다.

그러나 저는 그들의 이론을 어떻게 생각하든 간에, 지상에서 보다 번영한 나라, 보다 훌륭한 사람들을 찾아내지는 못할 것이라고 확신합니다. 그들은 매우 활동적이고, 정력이 넘치며, 키에 비해 힘이 셉니다. 땅은 항상 비옥하지 않으며, 기후도 썩 좋은 편은 아니지만, 그들은 균형잡힌 식생활로 나쁜 기후에 대한 저항력을 기르며, 정성어린 경작으로 토지의 나쁜 조건을 개량합니다. 그 결과 곡물과 가축의 생산에 있어서 기록적인 생산을 했고, 평균 수명은 가장 높으며, 질병 발생율은 가장 낮습니다.

자연적인 조건은 오히려 황무지에 가까운 국토를 가졌으면서도 이와 같이 과학적인 방법에 의해, 그들은 기적을 이룩해 놓았습니다. 그렇다고 해서 그들의 재능이 일상적인 농사에만 국한되어 있는 것은 아닙니다.

그들은 숲 전체를 다른 장소로 옮기기도 합니다. 생산량 증가를 위해서가 아니라, 재목을 편리하게 운반하기 위해서 바다나 강이나 도시 가까운 곳으로 숲을 옮겨 놓는 것입니다. 곡물처럼 육로를 통해 재목을 장거리 수

송하는 것은 어렵기 때문입니다. 주민들은 우호적이고 슬기롭고 훌륭한 기지를 갖고 있습니다. 비록 휴식을 좋아하기는 하지만, 그들은 필요할 때마다 육체적인 중노동을 합니다. 불가피한 경우가 아니면 노동을 즐기는 편은 아니지만, 머리를 사용하는 일에는 지칠 줄 모릅니다.

배움과 쾌락

제가 유토피아 인들에게 그리스 문학과 철학에 대해 말했을 때(저는 로마 문학이나 철학에는 그들이 좋아할 것이 거의 없다고 생각했습니다), 그들은 저의 지도 아래 원문을 연구하기를 간곡히 원했습니다. 그래서 저는 처음에는 좋은 결과를 기대하기보다 오히려 마지못해서 그들을 가르치기 시작했습니다.

그러나 학생들이 공부에 매우 열중했으므로 저의 노력이 헛수고가 아님을 깨달았습니다. 그들은 문자나 발음을 쉽게 익히고, 핵심적인 의미를 이해하고, 또 그것을 반복하였습니다. 이 과정에 자원하여 정부의 허가를 얻은 사람들이 모두 훌륭한 자질을 가진 성숙한 학자라는 사실을 제가 몰랐다면, 저는 정말로 믿기 어려웠을 것입니다. 3년 이내에 그들은 그리스 어를 완전히 배웠고, 약간 난해한 원문을 빼고 그들은 훌륭한 저서를 술술 읽어 내려가게 되었습니다.

저는 그리스 어가 그들의 천성에 맞는다고 추측했습니다. 그들이 쉽게 배울 수 있었던 것도 이 때문입니다. 저는 그들이 그리스 인 계통임에 틀림없다고 생각합니다. 그들의 언어는, 페르시아 언어와 비슷하지만, 지명과 관직 명에는 그리스의 흔적이 남아 있기 때문입니다.[25] 저는 그들에게 몇 가지 그리스 어 원서를 선물했습니다.

저는 네 번째 여행을 떠날 때, 아주 오랫동안 귀국하지 않을 작정으로 상품 대신에 책이 가득 찬 매우 큰 트렁크를 배에 실었던 것입니다. 저는 그들에게 플라톤과 아리스토텔레스, 그리고 식물학에 관한 테오프라스토스의 저서를 주었습니다. 그러나 항해시에 아무렇게나 방치해 두었다가 원숭이가 찢어 놓는 바람에 애석하게도 이 책들은 보관 상태가 좋지 못했습니다. 원숭이는 짓궂게도 여기저기 아무 페이지나 뜯고 찢어 버렸던 것입니다.

제가 그들에게 준 문법책은 라스카리스[26]의 문법책으로 테오도루스[27]의 책은 가지고 가지 않았습니다. 사전은 헤시치우스[28]와 디오스코리데스의 것뿐이었습니다. 그리고 플루타크와 루시안[29]의 책도 주었는데, 그들은 특

---

25 실제로 고유명사는 전부 그 어원이 그리스에 있다.
26 콘스탄틴 라스카리스의 그리스 문법책은 '에로테마타(Erotemata;물음이라는 뜻)'라는 제목으로, 1476년 밀라노에서 출판되었다.
27 테오도루스 가자의 네 권으로 된 그리스 문법책은 1495년에 출판되었다.
28 헤시치우스는 5세기경 알렉산드리아의 학자로, 그의 그리스 어 사전은 1514년 베니스에서 인쇄되었다.
29 루시안은 125년 시리아의 사모사타에서 태어났으며, 그리스 문학자 중 해학에 가장 뛰어났다.

히 플루타크의 것을 애독했으며, 루시안의 것은 쾌활하고 재미있다고 했습니다.

시집으로는 아리스토파네스, 호머, 유리피데스, 아 참, 알두스판[30]의 소포클레스의 소형 시집을 주었고, 역사책으로는 투키디데스와 헤로도토스의 것을 주었습니다. 여기에 또한 헤로디아누스[31]가 포함되었습니다.

저의 친구 트리시우스 아피나투스는 몇 가지 의학 서적을 갖고 갔는데, 히포크라테스[32]가 쓴 두세 권의 짤막한 책과 갈렌[33]의 《의학교본》이었습니다. 유토피아 인들은 이 책을 매우 귀중하게 여겼습니다. 그들은 의학을 절대적으로 필요로 한 것은 아니었지만, 의학을 매우 존중하였던 것입니다. 그들은 의학을 과학의 가장 흥미있고 중요한 분과의 하나라고 생각했습니다.

그리고 그들이 말하는 바와 같이 자연의 과학적 탐구는 가장 유쾌한 과정일 뿐 아니라, 창조자를 즐겁게 해 주는 최상의 방법이기도 했습니다. 그들은 창조자는 예술가의 정상적인 반응을 보여 준다고 생각하기 때문입니다. 우주의 놀라운 구조를 인간에게만 드러내 주면서(다른 짐승은 이를 이해

---

30 베니스의 유명한 인쇄업자.
31 헤로디아누스(약 165~250)는 아우렐리우스 황제의 서거(180년) 이후부터 르네상스 기간 중 매우 유명했던 238년까지의 《로마 황제사》를 저술했다.
32 기원전 400년경의 명의였다. 히포크라테스의 저술은 모어의 시대에 영어로 번역되어 존중을 받았다.
33 갈렌은 150년경 소아시아에서 태어난 명의로, 로마에서 개업하였으며, 후에 아우렐리우스 황제의 시의가 되었고, 몇 가지 의학상의 대저술을 남겼다.

할 수 없기 때문입니다) 창조자는 이 놀라운 구조를 알지 못해서 경이로운 장관에 감탄하지 못하는 하등동물 같은 자보다는, 이 놀라운 구조를 조심스럽게 검토하고 실제로 창조주의 작품에 경탄을 보내는 사람들을 더 좋아할 것입니다.

유토피아 인들은 연마한 지식을 과학적 탐구에 응용하여 일상생활에 유용한 것들을 놀라울 정도로 솜씨 있게 발명해 냅니다. 그러나 두 가지 발명은 우리들 때문에 이루어졌습니다. 우리들이 알두스가 인쇄한 몇 가지 책을 보여 주고, 인쇄와 제지술에 대해 약간 이야기를 해 주자마자(우리는 인쇄술에 대해 잘 알지 못했기 때문에 자세히 설명해 줄 수는 없었습니다), 그들은 곧 그 과정에 대해 예리하게 연구를 했습니다. 그때까지 그들은 양피나 나무껍질, 혹은 갈대에 글씨를 써 왔으나, 이제는 종이를 제조하고 인쇄기로 인쇄하게 되었습니다.

처음에는 성공의 빛이 보이지 않았으나, 실험을 반복하는 동안에 두 가지 기술을 완전히 습득하였고, 원본이 부족하지 않았더라면, 그들은 원하는 대로 모든 그리스 서적을 가질 수 있었을 것입니다. 그렇기는 하지만 그들이 가진 그리스 책들은 앞서 내가 말한 책들뿐이었고, 이 책은 이미 수천 부가 인쇄되었습니다.

그들은 특별한 재주를 가졌거나, 여행을 많이 해서 여러 나라에 대해 견문이 많은 외국인 여행자를 매우 환영합니다. 그들이 우리를 환영한 이유도 거기에 있습니다. 그들은 세계 여러 나라에서 일어나고 있는 일

들에 대해 깊은 관심을 갖고 있으나, 상인이 유토피아를 찾아가는 일은
드뭅니다.

유토피아 인들은 철만을 수집하며, 금이나 은을 갖고 가 봤자, 거기서
는 별 소용이 없습니다. 수출하는 경우에도, 다른 사람들이 와서 수출품
을 갖고 가는 것보다는 그들 자신이 직접 운반해 주기를 좋아합니다. 이
것은 외부 세계에 대한 견문을 넓히고 항해술을 더 발달시킬 수 있기 때
문입니다.

노예 제도

그런데 내가 가끔 언급한 노예는 여러분이 상상하듯이, 전쟁 포로[34]도
아니고, 세습적인 노예도 아니며, 외국 노예시장에서 사들인 자들도 아
닙니다. 노예들은 유토피아의 죄수들이거나 대부분 외국의 사형수들입
니다.

외국의 사형수들은 보통 값을 치르지 않으나, 때로는 약간의 값을 지불

---

34 고대에는 흔히 패전국 국민들은 비전투원일지라도 노예가 되었다. 그런데 유토피아에서는 전
투원인 포로를 노예로 삼았는지는 분명치 않다. 라틴어 원문은 '그들은 전쟁에서 포획한 자들
을 노예로 삼지 않는다. 그 포로들이 전쟁을 일으키지 않는 한…….'이라고 되어 있으나, 이
말은 전쟁 포로를 모두 노예로 삼는다는 것인지 또는 전쟁 도발의 책임이 있는 자, 곧 전쟁 정
책의 지지자만을 노예로 삼는다는 것인지 분명하지 않다.

하고 많이 데려옵니다.

이 두 가지 유형의 노예들은 사슬에 묶여 중노동을 하며, 유토피아 인 죄수들은 외국인보다 더 나쁜 대우를 받습니다. 최고의 교육과 엄격한 도덕적 훈련을 받은 도둑이 되었으니 처벌도 가장 엄해야 마땅하다고 생각하는 것입니다. 또 다른 유형의 노예는 외국의 노동자들인데, 그들은 본국에서 가난에 찌들어 살기보다는 오히려 유토피아의 노예가 되기를 원한 자들입니다. 이러한 사람들은 일에 익숙하므로, 더 열심히 일해야 한다는 점을 제외하고는, 유토피아 시민들과 비슷한 좋은 대우와 존중을 받습니다. 그들이 유토피아에서 떠나기를 원한다면(흔히 있는 일은 아닙니다만) 자유롭게 떠날 수 있으며 약간의 보수를 받습니다.

환자의 간호와 죽음

유토피아 인들은 환자가 생기면 극진히 보살피며, 회복에 좋다고 생각되는 약이나 음식은 무엇이든지 줍니다. 불치병에 걸린 환자의 경우에는 간호사가 옆에 앉아 여러 가지 이야기로 즐겁게 해 주며, 증상을 호전시킬 수 있는 모든 치료를 해 줍니다. 그러나 불치병인데다 질병이 극심한 고통을 계속 일으키는 경우에는 신부들과 공무원들이 찾아가 다음과 같은 이야기를 합니다.

"솔직히 말해서 당신은 정상적인 생활은 절대로 하지 못합니다. 당신은 다른 사람에게 귀찮은 존재에 지나지 않으며, 당신 자신에게도 짐이 됩니다. 당신은 실제로 죽은 사람과 마찬가지 생활을 하고 있습니다. 당신은 왜 계속 병균을 기르고 있는 겁니까? 당신의 생활이 비참하다는 것을 잘 알면서, 왜 죽기를 주저합니까? 당신은 고문실에 갇혀 있습니다. 당신은 왜 탈출을 해서 더 좋은 세계로 가지 않습니까? 그럴 생각이 있다면 말씀만 하십시오. 그러면 우리는 당신의 해방을 위한 준비를 하겠습니다. 당신의 사망은 상식일 뿐입니다. 또한 신부는 하느님의 대리자이기 때문에 신부의 충고에 따르는 것은 경건한 행위입니다."

환자는 이러한 권고가 옳다고 생각하면 스스로 굶어 죽거나, 또는 수면제를 먹고 고통 없이 비참한 상태로부터 벗어납니다. 그러나 이것은 어디까지나 자유 의사에 달려 있어서, 만일 환자가 살기를 원하면, 누구나 전과 마찬가지로 친절하게 보살펴 줍니다. 공인된 안락사는 명예로운 죽음입니다. 그러나 신부나 트라니보루스가 허가 없이 자살을 하면 매장이나 화장을 해 주지 않으며, 시체를 아무런 의식도 행하지 않고 연못에 던져 버립니다.[35]

---

35 유토피아의 교회가 자살을 공인하고 있다는 점은 주목할 만하다. 자살 또는 자살 방조를 엄금하는 기독교 신자인 모어가 안락사를 긍정하는 것은 대담한 일이다. 그러나 고대의 사상가들은 대개 필요 불가결한 경우에 자살을 허용했다. 모어는 이러한 고대 철학자의 영향을 받은 것 같다.

결혼 풍속

여자는 18세가 되어야 결혼할 수 있고, 남자는 4년을 더 기다려야 합니다. 혼전 성관계가 밝혀진 남자나 여자는 가혹한 처벌을 받으며, 시장이 이 선고를 취소하지 않는 한, 영원히 결혼할 자격을 박탈당합니다. 혼전 성관계가 발생한 가정의 부모는 그들의 책임을 완수하지 못했으므로 공개적으로 망신을 당합니다. 유토피아 인들은 이러한 일에는 특히 엄격합니다. 만일 결혼 이외의 성 관계를 엄하게 막지 않는다면 결혼(여기서 결혼은 한 사람과 일생을 보내며 결혼 생활에 따르는 온갖 불편을 참는 것을 말합니다)을 원하는 사람은 아무도 없을 것이기 때문입니다.

결혼하려고 생각할 때, 우리들에게는 우습게 보이는 절차가 있습니다. 물론 그들에게는 아주 심각하게 생각되는 일이지요. 장래의 신부는 존경할 만한 기혼 부인의 입회하에 장래의 신랑에게 나체를 보여주고, 신랑도 보호자가 있는 자리에서 신부에게 나체를 보여 줍니다. 우리가 웃는 것을 보고 우리들이 이러한 습관을 우매한 풍속이라고 여긴다는 것을 알게 되자, 그들은 곧 우리를 이상하게 생각하기 시작했습니다. 그들은 다음과 같이 말했습니다.

"우리는 세계의 결혼 절차를 아주 이상하다고 생각합니다. 당신들은 말을 살 때 겨우 몇 푼의 차이에도 온갖 주의를 기울입니다. 말은 이미 벌거벗고 있는데도, 당신들은 안장과 기타의 마구를 모두 벗겨 내고 그 밑에 혹시 상처라도 없는가를 살펴보고 난 후에야 삽니다.

그러나 당신들은 아내를 선택할 때는, 좋든 나쁘든 간에 일생 동안 계속되어야 할 약속임에도 불구하고 너무나 소홀합니다. 당신들은 옷을 벗겨볼 생각조차 하지 않습니다. 당신들이 볼 수 있는 것은 겨우 그녀의 조그마한 얼굴이며, 그 얼굴만 보고 전체를 판단하고 결혼을 하게 됩니다. 그래서 당신이 여자가 실제로 어떤 모습을 하고 있는지 보게 되었을 때, 그녀의 가장 기분 나쁜 것을 발견할 위험성도 있습니다.

당신들이 오직 도덕심에만 관심이 있다면 염려할 필요는 없을 것입니다. 그러나 우리는 모두 그와 같이 현명하지도 않으며, 또 현명하다 하더라도 아름다운 육체는 아름다운 결혼의 유용한 부수물임을 알게 됩니다. 확실히 옷은 육체적 결함을 쉽게 감출 수 있을 것입니다. 물론 아내가 결혼 후에 보기 흉하게 되었다면, 남편은 운명을 감수해야 합니다. 그러나 이러한 가장(假裝) 밑에서는 결혼에 대한 법적 보호가 필요합니다."

유토피아 인들의 경우에는 이러한 주의가 특히 필요합니다. 이웃 나라와는 달리 그들은 일부일처제(一夫一妻制)를 엄수하기 때문입니다. 대부분의 부부는 죽어서야 헤어지는데, 어느 한 쪽이 간통이나 묵과할 수 없는 악행을 저질렀을 때는 그렇지 않습니다. 이때는 결백한 쪽이 의회로부터 다른 사람과 결혼할 수 있도록 승낙을 얻을 수 있습니다. 잘못을 저지른 쪽은 망신을 당하고 평생 독신 생활을 해야 한다는 선고를 받습니다.

그러나 아내 자신의 과실이 아닌데도 아내가 육체적으로 결함이 있다고 하여 남편이 아내를 버리는 일은 결코 인정되지 않습니다. 아내가 동정이 가장 필요한 때 아내를 버리는 잔인성은 차치하더라도, 이러한 일이 허용되면 노년기(노년기에 많은 질병이 생길 뿐 아니라 노년기 자체가 질병입니다)에 대한 아무런 보장이 없다고 그들은 생각합니다.

그러나 때로는 남편과 아내가 모두 배우자를 바꾸면 더 행복해질 것이라고 생각할 때, 원만한 동거 생활이 불가능하다는 이유로 상호 합의하에 이혼이 허용되기도 합니다.

그러나 이 경우에는 트라니보루스들과 그 아내들의 엄격한 조사를 거친 후에야 겨우 특별한 허가를 얻을 수 있습니다. 철저한 조사를 한 후에도 이혼 허가를 꺼립니다.

그들은 쉽게 이혼할 수 있는 것만큼 결혼의 유대를 크게 악화시키는 것은 없다고 생각하기 때문입니다.

간통한 자들에게는 가장 가혹한 처벌이 주어집니다. 간통한 쌍방이 모두 기혼자일 경우에는, 피해를 입은 배우자들은 그들이 원하면 이혼을 하고, 피해자들끼리, 또는 그들이 선택하는 다른 사람과 결혼할 수 있습니다. 그러나 피해자들이 배신한 배우자를 변함 없이 사랑한다면, 피해자들이 그 배우자의 노동을 거들어 준다는 조건하에 그들의 결혼 생활이 허용됩니다. 이러한 경우에 시장은, 때로는 죄를 지은 배우자의 회개와 피해자의 성실성에 감동하여 둘 다 석방해 주기도 합니다. 그러나 재범(再犯)에게는 사형 선고가 내려집니다.

법률 문제

그외 법률상으로 고정적인 처벌 규정은 없습니다. 의회가 수시로 적당한 처벌을 결정합니다. 범죄가 무거워 당국이 다루어야 할 경우를 제외하고는 공동의 도덕을 위해서 남편은 아내를, 어버이는 자식을 처벌할 책임을 집니다. 중요한 범죄에 대한 통상적인 처벌은 노예로 만드는 것입니다. 유토피아 인들에게 있어서 노예가 되는 것은 사형 선고와 마찬가지로 괴로운 일이며, 또한 사회를 위해서도 곧장 사형시켜 버리는 것보다 유익하다고 말합니다. 살아 있는 노동자는 죽은 노동자보다 가치가 있고, 또한 장기적인 범죄 억제 효과가 있기 때문입니다.

그러나 죄수가 이러한 처우에 반대하거나 형무소의 규칙을 따르지 않으면, 죄수는 짐승같이 살해됩니다. 그러나 이러한 처벌을 받아들인 죄수들의 앞날이 아주 절망적인 것은 아닙니다. 만일 수년 동안의 고역을 치루는 가운데 마음을 바로잡아 자신이 한 일에 대해서 뉘우치는 기색이 보이면, 시장의 재량에 의해서 혹은 국민투표에 의해서 형벌이 감소되거나 취소됩니다.

타인을 유혹하려다가 실패한 자도 실제로 유혹을 한 자와 마찬가지로 엄중한 처벌을 받습니다. 이것은 다른 범죄에도 적용됩니다. 고의로 범죄를 저지르려고 한 자는 범죄를 범한 것으로 간주됩니다. 범죄에 성공하지 못한 것은 그의 탓이 아닌데 어째서 실패했다고 그를 믿을 수 있겠습니까?

유토피아 인들은 바보에게 몹시 우호적이며, 바보에게 치욕을 가하는 것은 악랄한 행위로 여기지만, 바보의 우스운 행동을 보고 즐거워하는 것은 정당합니다. 바보의 어리석은 행동을 즐거워하는 것이 바보를 위해서 더 유익하다고 생각하기 때문입니다. 바보가 하는 말이나 행동을 재미있어 할 만한 여유가 없다면, 바보를 정당하게 돌보아 줄 리가 없다고 생각합니다. 다시 말해 바보가 가진 유일한 재주인 어리석은 짓을 평가할 수 없다면 바보에게 친절할 수가 없기 때문입니다.

그러나 여러분이 추하거나 불구인 자를 보고 비웃으면 모든 사람들이 여러분을 비웃기 시작할 것입니다. 자기 힘으로는 도저히 피할 수 없었던 결점을 비난하고 있다는 것을 암시함으로써, 여러분은 스스로 아주 어리석은 짓을 한 것이기 때문입니다.

자신의 타고난 아름다움을 유지하려고 애쓰지 않는 자는 아주 태만하게 여기지만, 유토피아 인들은 화장에는 적극 반대합니다. 그들은 오랜 경험을 통해 남편이 아내에게 바라는 것은 외적인 아름다움보다는 오히려 공손함과 남편에 대한 훌륭한 태도임을 알았기 때문입니다. 아름다운 얼굴은 남자를 사로잡기에 충분하지만, 그 사랑을 유지하기 위해서는 훌륭한 성품과 인격이 필요한 것입니다.

유토피아에는 범죄를 방지하는 제도와 마찬가지로, 공개적인 포상에 의해 선행을 장려하는 제도도 있습니다. 예를 들면 유토피아 인들은 사회에 훌륭한 봉사를 한 사람들의 동상을 시장에 세워 놓았는데, 이것은 그들의 업적을 기념하기 위해서이고, 또 그들의 영광을 상기시킴으로써 앞으로의 보다 큰 노력을 자극하기 위해서입니다. 그러나 자기 자랑을 해서 관직에 선출되려고 하는 자는 영원히 관직을 얻을 수가 없게 됩니다.

사회적 관계는 언제나 우호적입니다. 공무원들이 거만하거나 위압적이지 못하기 때문이지요. 공무원들은 보통 '아버지'라고 불리우는데, 그들은 이런 호칭에 어울리게 행동합니다. 유토피아 인들은 공무원에게 언제나 존경심을 갖고 대하지만, 그것은 억지로 강요당한 것은 아닙니다. 시장 자신도 남들과 같은 보통 옷을 입고 있으며, 특별한 머리 장식을 하지 않습니다. 마치 대주교가 초를 들고 다니는 것처럼 시장은 한 다발의 곡식을 들고 다니는 것으로 그의 관직을 표시합니다.

유토피아에는 단 몇 가지의 법률이 있을 뿐입니다. 유토피아의 사회제도는 법률이 그다지 필요하지 않기 때문입니다. 다른 나라에 대해서 유토피아 인들이 크게 불평하는 이유 중의 하나는, 다른 나라들은 이미 수많은 법률책과 법률에 대한 해석을 가지고 있으면서도 아직도 충분하지 못하다는 점입니다. 왜냐하면 너무 길어서 보통 사람들이 한꺼번에 읽지 못하거나, 또는 너무 어려워서 이해할 수 없는 법률로 인간을 속박하는 것은 부당한 일이기 때문입니다.

또한 유토피아에는 개별적인 사건과 법 조문에 정통하여 교활한 재주를 부리는 변호사가 없었습니다. 유토피아 인들은 각자가 그 자신의 소송 사유를 진술하고, 변호사가 있는 경우에는 변호사에게 했어야 할 이야기를 직접 재판관에게 말하는 것이 더 현명하다고 생각합니다. 이런 식으로 재판하므로 사건이 모호해지는 경우가 드물며, 따라서 쉽게 진상을 파악할 수 있습니다. 변호사가 시키는 대로 거짓말을 하는 사람이 없다면, 재판관은 그의 모든 능력을 사건의 진상을 간파하는 데 쏟을 수 있고, 그래서 교활한 자의 비양심적인 공격으로부터 정직한 사람을 보호할 수 있습니다.

다른 나라에는 복잡 다단한 숱한 법률이 많기 때문에, 이러한 제도는 다른 나라에서는 적절히 운영되지 못할 것입니다. 그러나 유토피아에서는 이미 말한 바와 같이 법률이 극히 적고, 또 가장 쉽고 명백한 해석이 언제나 바른 해석으로 간주되기 때문에 누구나 법률 전문가입니다. 유토피아 인들은 법률의 유일한 목적은 사람들에게 그들이 해야 할 일이 무엇인가를 일깨워 주는 데 있으며, 따라서 해석이 애매할수록 이 해석을 이해하는 사람이 극소수이므로 그 효력도 더욱 떨어진다고 말합니다.

반면 단순하고 명백한 의미는 누구에게나 이해가 됩니다. 사회의 대부분을 형성하고 있고, 또한 법률의 일깨움이 가장 필요한 것이 대중이라면 법률 한 가지를 제정한 후, 그 의미를 확정하기 위해서 많은 논의를 해야 한다는 것은 아무런 소용이 없습니다. 해야 할 일이 많은 서민은 이러한 연구를 할 시간도, 정신적 능력도 없는 것입니다.[36]

---

36 당시의 영국 및 유럽의 복잡한 법률을 야유하고 있다.

외교 관계

　유토피아 인들은 많은 미덕을 갖고 있으므로, 몇몇 이웃 나라로부터 1년, 또는 5년 기한으로 정부 관리를 파견해 달라는 요청을 받게 됩니다. 물론 국민이 국가 정책을 결정하는 자유가 보장된 나라로부터만 요청해 옵니다. 오래 전부터 유토피아 인들은 주위 대부분의 국가를 독재정치로부터 해방시켰던 것입니다. 임기가 끝났을 때, 초청받아 간 관리들은 온갖 칭송과 존경을 한 몸에 받고 귀국하면, 다른 유토피아 인이 그를 대신하여 그곳을 다스리게 됩니다. 이것은 파견을 요청하는 국가의 입장에서 볼 때 매우 현명한 처사입니다. 왜냐하면 한 국가의 행복은 전적으로 통치자의 재능에 달려 있고, 유토피아 인은 분명히 이러한 일에는 가장 적합한 사람들이기 때문입니다.

　유토피아 인들은 돈이 필요없는 고국으로 곧 돌아가야 하기 때문에 매수되거나 유혹되어 부정하게 일을 처리하는 경우는 없습니다. 또한 그들은 원주민을 아무도 모르기 때문에 개인적인 친분에 따라 잘못된 결정을 내리는 일도 결코 없습니다. 이러한 자질은 특히 재판관에게 중요한 것입니다. 개인적인 편견과 재물에 대한 탐욕이 법정을 흔들리게 하는 두 가지 악이며, 이러한 사악이 난무하면 곧 모든 정의가 무너져 사회는 붕괴됩니다.

　유토피아 인들은 관리들을 보낸 나라를 친구 나라라고 부르며, 그들이 다른 방법으로 도와주는 나라를 이웃 나라라고 부릅니다. 그러나 다른 나라에서는 조약의 체결, 파기, 갱신을 계속 반복하고 있지만, 유토피아 인들은 이 따위 조약을 실제로 체결한 적이 없습니다. 그들은 조약이 무슨 소용이 있느냐고 묻습니다. 인간은 자연적으로 이미 맺어진 것이며, 만일 인간이 이와 같은 기본적인 유대를 무시한다면 단순한 언어상의 형식에 깊은 관심을 쏟을 필요가 없다고 생각하기 때문입니다.

물론 유럽에서는, 특히 유럽의 기독교권에서는 조약을 보편적으로 신성불가침한 것으로 생각하고 있습니다. 첫째는 이들 왕들이 착하고 의롭기 때문이며, 둘째는 교황[37]을 대단히 두려워하기 때문입니다. 아시다시피 교황은 자신이 가장 종교적인 명령을 내릴 뿐 아니라, 모든 통치자들에게 어떠한 일이 있어도 약속은 지켜야 한다고 명령을 내리고, 약속을 지키지 않는 통치자는 누구를 막론하고 교서를 통해 신랄하게 비난합니다. 이른바 성실한 신자로 자처하는 사람이 이러한 문제에서 신의를 저버린다는 것은 가장 추악한 일이라고 교황은 지적합니다. 이러한 지적은 전적으로 타당합니다.

그러나 유토피아가 속해 있는 정치권(이것은 우리들의 정치권과는 사회적 ·

---

37 교황 율리우스 2세(1443~1513)를 풍자하고 있는 것 같다. 그의 외교 방식 한 가지를 예로 든다면, 사람들은 프랑스 및 베니스와의 거래를 들 것이다. 1508년에 그는 베니스에 대항하는 캄브라이 동맹에 루이 12세와 함께 가담하였다. 프랑스의 도움으로 1509년 베니스 인을 항복시킨 다음에 그는 1511년 신성 동맹을 체결하고 프랑스에 반항하는 베니스의 편을 들었다. 여기서 모어는 당시의 유럽의 타락한 정치 도의와 교황청의 정치적 행동을 야유하고 있다.

정치적으로는 물론, 지리적으로도 정반대의 위치에 놓여 있습니다)에서는 조약은 전혀 믿을 수 없습니다. 조약이 엄숙하게 체결되었으면 그만큼 더 빨리 단순히 문구상의 허점을 드러냄으로써 파기됩니다.

사실은 흔히 이러한 허점을 고의로 원문에 첨가해 두기 때문에, 그 서약이 아무리 굳게 보일지라도 언제나 빠져 나올 틈이 있고, 따라서 조약과 신의를 한꺼번에 깨뜨려 버릴 수 있는 것입니다. 이러한 외교는 명백히 부당한 것입니다.

국왕에게 이러한 교활한 재주를 진언한 것을 스스로 자랑하는, 바로 그 자들이 만일 개인간의 계약서에서 같은 일이 일어나고 있는 것을 목격한다면, 맨 먼저 나서서 신랄하고 거센 어조로 이러한 계약은 신성을 모독하고 죄악을 저지른 것이라고 비난할 것입니다.

결국 정직이란 왕의 존엄에는 영향을 줄 수 없는, 저속하고 비천한 덕에 지나지 않는다는 뜻이 됩니다. 아니면 적어도 두 종류의 정직이 있는 것입니다. 하나는 평민에게만 적용되는 것으로 언제나 속박당해 있는 초라한 늙은 말과 같고, 다른 하나는 왕들을 위해 보존된 것으로 훨씬 많은 자유를 누리는, 훨씬 고귀한 동물과 같습니다. 이 동물은 하고 싶은 것을 마음껏 할 수 있습니다.

어쨌든 이것은 그곳 국왕들의 처세술이며, 앞서 말한 바와 같이, 이것이 유토피아 인들이 조약을 맺지 않는 이유입니다. 유토피아 인들이 유럽에 살았더라면 그들은 달라졌을 것입니다. 그러나 실제로는 그들의 조약이 아무리 성실하게 준수된다 하더라도 조약을 맺는 그 자체에 찬성하지 않습니다. 조약 때문에 인간은 서로를 적으로 생각하게 된다고 그들은 말합니다. 단지 작은 언덕이나 강 너머에 있다는 사실이 모든 인간의 유대를 단절시킨다고 가장하고, 서로 파멸시키려고 하는 노력을 금지하는 특별 조약이 없으면 두 나라가 상호간 적대 행위를 하는 것이 정당화된다고 생각하는 것입니다.

그러나 이러한 조약이 체결되었다고 하더라도 그들이 반드시 우호적으로 대하는 것은 아닙니다. 왜냐하면 조약 초안자들의 부주의로 인해 충분한 금지 규정을 삽입하지 못하면 언제나 상호간의 약탈권은 유보되기 때문입니다.

유토피아 인들은 정반대의 의견을 갖고 있습니다. 그들은 어떠한 해도 끼치지 않는 사람을 적으로 여겨서는 안 된다고 생각합니다. 인간은 자연적으로 조약을 맺고 있으며, 따라서 인간은 계약에 의해서보다는 사랑에 의해서, 언어에 의해서보다는 마음에 의해서 더욱 유용하게 결합될 수 있기 때문입니다.

전 쟁

전쟁은 그들이 증오하는 일입니다. 인간이 다른 하등동물보다도 더 전쟁에 몰두하고 있기는 하지만, 전쟁은 참으로 인간 이하의 행위인 것입니다. 유토피아 인들은 전쟁을 이 세상에서 가장 불명예스럽다고 생각하는 유일한 민족입니다. 그럼에도 불구하고 유토피아 사람들도 어쩔 수 없이 전쟁을 해야 할 때를 대비해서 전투력을 기르기 위해 정기적으로 군사 훈련을 받습니다.

그러나 그들은 자위, 또는 우방국가의 영토에서 침략자를 물리치거나 독재 정권으로부터 인민을 해방시키는 경우를 제외하고는 거의 전쟁을 하지 않습니다. 그들이 우방국가로부터 침략자를 격퇴시키거나 독재자를 몰아내는 것은 동정에서 우러나온 것인만큼, 그들은 피해를 받는 사람들에 대한 사의를 표하는 것입니다.

그러나 그들은 지키기 위한 전쟁만이 아니라 침략 행위에 대한 보복전에도 우방국을 돕기도 합니다. 그러나 피해국이 호소해 올 때에 한해 전쟁 가담 여부를 고려하되, 사건의 전모를 세밀히 검토하여 피해 받은 사실이 확실하다고 증명되고, 강탈해 간 재산을 피해국에 반환하지 않은 사실 여부를 정확히 파악한 뒤에야 침략국에 도전해 싸우기로 결정을 내리는 것입니다. 전쟁의 정당한 원인에는 무력에 의한 약탈 이외의 것도 포함된다고 그들은 생각합니다.

외국에서 상인들이 불공평한 법 때문에, 또는 법은 공평하지만 고의적인 편견 때문에 불공평한 법적 조치를 받는 경우에도 상인의 권리를 수호하기 위해 강경책을 사용합니다.

우리가 유토피아에 도착하기 얼마 전에, 알라오폴리타에[38]와 전쟁을 시작한 것도 이러한 이유 때문이었습니다. 알라오폴리타에에서 일을 하고 있던 네펠로게타에[39]의 실업가들이 법에 속아서 희생되었기 때문에, 또는 유토피아 인들이 그렇게 생각했기 때문에, 그들은 네펠로게타에에 군사 원조를 제공했습니다. 유토피아 인들이 옳았든 옳지 못했든 간에, 인접 국가가 모두 개입하여 전쟁은 확대되었고 결국은 대전쟁이 일어났습니다. 전쟁이 끝날 무렵 몇몇 강대국은 기울어지고, 다른 나라들은 멸망에까지 이르게 되었습니다. 알라오폴리타에는 몇 차례의 전쟁을 치른 후 드디어 항복했습니다.

유토피아 인들이 전쟁에 참가한 동기는 이익과는 전혀 무관했으므로, 그들은 아무것도 빼앗지 않았습니다. 그러나 전에는 필적할 상대가 없던 알라오폴리타에는 네펠로게타에의 노예가 되었습니다.

따라서 유토피아 인들은 금전상에 있어서도 우방국이 받을 피해에 대해 즉각 보복해 준다는 것을 알 수 있습니다. 그러나 그들은 자신들이 입은 손해에 대해서는 훨씬 너그럽습니다. 유토피아의 상인이 상품을 사기당했거나 신체적인 손상을 입었을 경우를 제외하고는 그들이 취하는 가장 강경한

---

38 알라오폴리타에(Alaopolitae)는 alaos(눈 먼)와 polites(시민)에서 온 말로 '암흑의 나라 사람들'이라는 뜻.
39 네펠로게타에(Nephelogetae)는 Nephele(구름)에서 온 말로 '구름의 나라 사람들'이라는 뜻. 알라오폴리타에와 함께 모어의 조어(造語)이다.

대책은 보상을 받을 때까지 관계국과의 교역을 중단하는 것입니다.

그렇다고 해서 그들이 자기 나라 사람들을 소홀히 여기는 것은 아닙니다. 다른 나라 사람들은 그들 자신의 사유재산이 있기 때문에 사기를 당하는 경우 막대한 손해를 입지만, 유토피아 인은 이러한 경우 손해라는 것이 전혀 없습니다.[40] 국가가 손실을 보는 것입니다. 게다가 손실을 본 물품은 국내에서 초과 생산되는 것들입니다. 그렇지 않으면 결코 수출하지 않을 것입니다. 그러므로 이러한 손해로 말미암아 곤경에 빠지는 사람은 아무도 없습니다.

따라서 단 한 명의 유토피아 인의 생명이나 생활에 있어서 조그만 변화조차도 초래하지 못하는 물건을 잃었다고 해서 그 복수로 많은 사람을 죽이는 일은 잔인하다고 생각합니다. 그러나 그들 시민 중의 한 사람이 외국 정부나 외국인에 의해서 불구가 되었거나 살해되었을 경우에 유토피아 인들은 전혀 다른 태도를 취합니다. 외교망을 통해서 이러한 사건에 대한 소식을 듣는 즉시 그들은 선전포고를 합니다. 책임 있는 자들이 인도되지 않는 한, 어떠한 양보도 들어주지 않습니다. 인도된 자들은 사형 또는 노예가 되는 처벌을 받습니다.

그들은 유혈로 얻는 승리를 좋아하지 않습니다. 그들은 이러한 승리를

---

40 상품의 손실이 없다는 것이 아니라, 유토피아에서는 사유재산을 인정하지 않으므로 개인적으로는 아무 손해도 없다는 뜻이다.

불명예로 여깁니다. 아무리 귀중한 것이라 하더라도 지나치게 큰 대가를 치르는 것은 어리석다고 생각하기 때문입니다. 그들이 정말로 자랑스럽게 여기는 것은 적을 지혜로 굴복시키는 것입니다. 이러한 승리에는 개선 경축식을 열고, 또 영웅적 행위를 찬양하기 위하여 전승 기념비를 세워 축하합니다.

그들은 인간만이 가지고 있는 특별한 힘, 곧 인간의 이성의 힘에 의해 얻은 승리만이 인간적이라고 합니다. 그들은 짐승만이 육체적인 싸움을 한다고 말합니다. 곰, 사자, 산돼지, 이리, 개 등은 육체로 싸우고, 또 대부분 인간보다 힘이 세고 사납습니다. 그러나 인간을 그들보다 우월하게 만든 것은 우리의 이성이요, 지혜입니다.

전시에서 그들의 주요 목적은 평화로운 분위기에서는 획득하지 못한 것을 얻는 데 있습니다. 또는 이러한 목적이 문제가 되지 않을 때는, 도발자를 엄중하게 처벌하여 다시는 아무도 그러한 생각을 하지 못하게 만드는 것입니다. 그들은 가능한 한 가장 쉽게 목적을 달성하려고 합니다. 그러나 언제나 안전을 가장 중요하게 생각하며, 국가의 위신은 그 다음으로 생각합니다.

그러므로 전쟁을 선포하자마자, 그들은 첩보망을 통해 적국 영토 도처의 쉽게 눈에 띄는 장소에 많은 선전문을 동시에 붙이게 합니다. 이 선전문에는 유토피아 정부의 관인이 찍혔으며, 그 내용은 적국의 국왕을 죽인 자에게는 막대한 상금을 준다는 것입니다. 또한 이 선전문에는 왕보다는 적은 보수이지만 상당한 액수를, 왕에게 추종하여 유토피아 침략 정책을 획책한 자들의 이름도 올라 있습니다. 이러한 자를 생포해 오는 경우에는 죽인 경우의 두 배나 되는 상금을 줍니다. 그리고 고관들 중 동료를 배반하는 자에게는 같은 액수의 돈을 제공하고 처벌을 면제합니다.

목록에 있는 고관들은 서로를 불신하게 되어 즉시 효과가 나타납니다. 그들은 항상 공포 속에서 살게 되는데, 이것은 아주 당연한 일입니다. 왕을 포함해서 고관 전체가 그들이 가장 신임했던 자에게 배반당하는 일이 자주 일어나기 때문입니다. 사실, 사람들은 돈을 얻기 위해서는 어떠한 짓이라도 하며, 배반자가 느끼는 위험을 고려하여 그들은 매우 치밀하게 여러 가지 이익으로 보상을 해 줍니다. 따라서 막대한 양의 금에 덧붙여 그들은 안전하고 우호적인 나라에 있는 값비싼 토지에 대한 소유권도 약속합니다. 그리고 이러한 약속을 반드시 지킵니다.

이러한 적국의 매수 작전은 비열하고 잔인해 보이지만, 유토피아 인들은 이를 매우 자랑합니다. 오히려 단 한 번의 전투도 없이 큰 전쟁을 끝낸다는 것은 가장 현명한 처사라고 그들은 말합니다. 또한 몇 명의 죄인만을 없애 버림으로써 수천 명의 무고한 생명을 구하기 때문에 가장 인도적이라고 말합니다. 그들은 아군이든 적군이든 이를 불문하고 전투 중 전사하게 될 무수한 생명들을 생각하고 있는 것입니다. 또한 그들이 동포에 대해 동정하는 것과 같은 정도로 적국 국민을 불쌍히 여기고 있기 때문입니다. 그들은 광적인 통치자에 의해 적국 국민이 전쟁에 강요되었음을 알고 있습니다.

이러한 방법에 실패하면, 그들은 적국 왕의 형제나 다른 귀족이 왕위를 탐내도록 선동하여 적국 내에 불화의 씨를 뿌립니다. 만일 계획했던 대로 적국에서 내부 분쟁이 일어나는 기색이 보이면, 유토피아 인들은 옛날의 청구권을 들추어 내어 인접 국가의 적의를 타오르게 만듭니다. 그들은 이 청구인의 전쟁 수행을 도와 줄 것을 약속하며, 많은 군자금을 공급하고, 아주 극소수의 병력을 파견함으로써 이 약속을 이행합니다.

유토피아 인들은 서로를 매우 아끼고 사랑하므로 단 한 명의 시민을 희생시켜 적국 왕과 맞바꾸는 경우가 있더라도 이를 꺼립니다. 그러나 그들은 금이나 은을 내놓는 것은 주저하지 않습니다. 그들은 오직 이러한 경우에 대비하기 위해 금과 은을 저장해 왔고, 금과 은 전부를 소비한다 하더라도 그들의 생활에 어떤 불편도 오지 않는다는 것을 잘 알고 있습니다. 또한 국내의 자본 이외에도, 그들은 막대한 외국 재산을 소유하고 있습니다. 앞에서 설명한 바와 같이 많은 국가가 그들에게 빚을 지고 있기 때문입니다.

그들은 전쟁을 대부분 용병에 의해 이끌어 갑니다. 그들은 용병을 곳곳에서 모집해 오며, 특히 유토피아 동쪽 약 200마일 지점에 있는 차폴레타에[41]라는 곳으로부터 모집해 옵니다. 차폴레타에 사람들은 그들이 자라난

---

41 차폴레타에(Zapoletae)는 za(강조 접두어)와 poleo(판다) 또는 poletes(판매)에서 온 말로 '목숨을 즐겨 파는 사람들'이라는 뜻이다. 이것은 스위스 인들을 풍자한 것 같다.

삼림이나 험준한 산과 마찬가지로 아주 야성적이고 사납습니다. 그들은 무척 건장해서 어떠한 더위나 추위, 그리고 육체적 고통도 견뎌 냅니다. 그들은 사치스러운 생활은 알지 못하며, 농사도 짓지 않고 의복이나 주택에도 무관심합니다. 가축을 기르는 외에는 대부분 사냥과 도둑질로 살아갑니다.

사실 그들은 오직 전쟁만을 위해서 태어난 것 같습니다. 그들은 전쟁에 가담할 기회를 항상 찾고 있으며, 이러한 기회를 포착하기만 하면 수천 명이 달려가서 군인을 필요로 하는 자에게 싼 값으로 봉사합니다. 사람을 죽이는 것이 그들의 유일한 생계 유지 수단이기 때문입니다.

그들은 고용자를 위해 매우 충성스럽게, 그리고 열심히 싸우지만 그들의 충성이나 열성이 얼마 동안 계속될지는 확실하지 않습니다. 그들은 적이 좀더 많이 지불하면 다음날은 적군에 가담하며, 이쪽이 좀더 지불하면 그 다음날은 다시 이쪽으로 돌아오게 되는 그러한 족속들입니다. 그러다 보면 양쪽 진영은 흔히 차폴레타에 사람들끼리 전쟁을 벌이게 됩니다. 그러므로 항상 어떠한 일이 일어나고 있는가를 짐작하실 수 있을 것입니다.

두 친척이 같은 군대에 편입됩니다. 잠시 동안 그들은 좋은 친구입니다. 그러나 다음 순간에 그들은 서로 갈라져서 마치 철천지 원수나 되는 듯이 싸웁니다. 혈연이나 우정 따위는 안중에도 없고, 친척끼리 목을 자르기에 여념이 없습니다. 그러나 그들이 서로 파멸시키고 있는 유일한 동기는 다른 왕이 보수를 약간 더 지불해 준다는 사실에 있습니다. 따라서 그들에게는 돈이 대단히 중요한 것이며, 하루에 조금이라도 더 받을 수만 있다면,

아주 쉽게 적군으로 돌아서 버립니다.

그들은 탐욕의 유혹에 쉽게 빠지지만, 그러나 아무것도 얻는 것이 없습니다. 그들은 피를 흘리며 번 돈을 방탕한 생활로 모조리 탕진해 버리기 때문입니다.

차폴레타에 인들은 유토피아 인들을 위해서라면 세계의 어느 민족과도 싸울 것입니다. 유토피아 인들이 가장 많은 돈을 지불해 주기 때문입니다. 유토피아 인들은 좋은 사람을 고용하기 위해 노력하는 것과 마찬가지로 나쁜 사람을 찾아내서 이용하는 데도 정성을 기울입니다. 그러므로 필요한 때, 차폴레타에 인을 막대한 돈으로 유혹하여 아주 위험한 전투에 참가시킵니다. 그들의 대부분은 살아서 돌아오지 못해 그들은 삯을 요구하지 못하게 됩니다. 그러나 살아 돌아온 자에게는 앞으로도 똑같은 위험한 일을 할 만한 가치가 있다고 생각하도록 하기 위해, 언제나 약속했던 상금을 어김없이 지불합니다.

유토피아 인들은 차폴레타에 인들이 얼마나 많이 전사하든 상관하지 않습니다. 만일 그들이 지구상에서 추한 쓰레기를 말끔히 씻어 낼 수만 있다면, 인류를 위해 큰 공헌을 하는 것이라고 그들은 생각하는 것입니다.

유토피아 인들을 전쟁에 가담케 만든 나라는 두 번째 병력 공급원이 됩니다. 그 다음은 다른 우방국들이 파견하는 원군이며, 최후로는 유토피아의 시민입니다. 유토피아 인들은 그들의 시민 가운데서 자타가 인정하는 유능한 자를 선발하여 연합군의 사령관으로 임명합니다. 또한 두 명의 부사령관도 임명하는데, 이들은 사령관이 건재하는 한, 특별한 직무는 갖지 않습니다. 그러나 사령관이 전사하거나 포로가 될 때는, 부사령관 중 한 명이 그 직무를 대신합니다. 그리고 또 다시 필요한 경우가 오면 다른 부사령관이 직무를 인수합니다. 이렇게 함으로써 전세를 바꿀 수도 있고, 또한 사령관에게 무슨 불운이 닥쳐도 전군이 계속해서 싸울 수 있는 것입니다.

유토피아의 원군은 각 도시에서 온 지원병으로 구성되며, 누구든 해외에서 군복무를 하도록 징집당하지는 않습니다. 겁이 많은 사람들은 훌륭한 병사가 되기 어려울 뿐 아니라, 자칫하면 병사들의 사기를 떨어뜨리기 쉽다고 그들은 생각합니다. 그러나 침략을 받았을 때는 겁이 많은 사람이라도 신체만 건강하면 용감한 사람들과 함께 싸우도록 해군에 징집되거나, 또는 도망갈 길이 없는 성벽의 요새에 배치됩니다. 실제로 그들이 적군과 직면하게 될 때, 겁많은 사람들은 겁이 나서, 또 도망갈 길이 없다는 사실 때문에, 흔히 공포심을 극복하고 마지막에는 보다 용감하게 싸우게 됩니다.

그러나 아무도 해외에 나가 싸우도록 강요받지는 않으며, 마찬가지로 아내가 남편과 함께 전선으로 가기를 원하는 경우 함께 가도록 되어 있습니다. 또한 이러한 일은 장려되고 있으며 찬양을 받습니다. 전선에 따라간 아내는 전장에서 자녀 및 다른 가족과 함께 남편의 바로 옆에 배치됩니다. 서로 돕고 싶어하는 가장 강한 자연적 본능을 가진 사람들을 가까이 있게 함으로써 서로 도울 수 있도록 하려는 것입니다. 남편이 아내를 잃고 돌아오거나, 아내가 남편을 잃고 돌아오거나, 자녀가 부모를 잃고 돌아오는 것은 커다란 불명예입니다. 이것은 그들의 군대가 전투를 시작하면 적이 완강히 버티는 한 마지막까지 싸운다는 것을 의미합니다.

유토피아 인들은 용병으로 전쟁을 수행할 수 있는 한 국민들을 싸움터에 보내지 않기 위해 최선을 다하지만, 결국 어쩔 수 없이 그들 자신이 전투에 참가하게 될 때는 전투를 회피하려던 신중성과 마찬가지의 용기를 발휘합니다.

그들은 첫 공격 때부터 분노하지는 않지만, 시간이 흐름에 따라 결의가 더욱 굳어져 마침내는 뒤로 한 발짝이라도 물러나느니보다는 오히려 죽음을 택하게 됩니다. 그들은 가족의 양식이나 자녀의 장래에 대해 염려할 필요가 없음을 알고 있고, 따라서 패배라는 것 자체를 생각해 보지도 않습니다. 그들의 그러한 확신은 군사 훈련에 의해 커집니다. 그리고 어릴 때부터 받은 교육과 사회 환경에서 얻은 건전한 사상으로 확고하게 정신 무장이 되어 있는 것입니다. 따라서 그들은 생명을 귀하게 여겨 함부로 생명을 버리지는 않지만, 생명을 버리는 것이 당연한 때는 비열하고 옹졸한 태도로 생명에 집착하지는 않습니다.

전투가 한창 무르익으면 특별히 선발되어 생사를 같이하기로 맹세한 청년들이 적국 사령관을 공격합니다. 그들은 온갖 수단을 다 써서 공격합니다. 쐐기 모양의 대형으로 적국 사령관에 대한 공격을 잠시도 멈추지 않으며, 선두에 선 사람이 지치면 다른 젊은이로 대치시킵니다. 그 결과 적군

사령관은 패주하여 도주하지 않는 한 거의 전사하거나 포로가 됩니다.

전투에 이겼다 하더라도 유토피아 인들은 대량 학살을 자행하지는 않습니다. 일단 적군이 패주하기 시작하면 그들을 죽이기보다는 오히려 생포하려고 합니다. 적어도 한 부대가 전투 대형으로 남아 있지 않는 한, 추격을 하지 않는 것이 그들의 규칙입니다. 이 규칙을 엄격히 지키기 때문에 예비대까지 전투에 참가하여 승리를 거두었을 경우에는, 적군 전부가 달아나도록 내버려 둡니다. 그들은 여러 번 그들 자신이 사용한 속임수도 결코 잊지 않기 때문이지요.

이 속임수를 썼을 때는 유토피아의 주력이 전면적으로 허물어지고 적군은 승리에 도취하여 뿔뿔이 흩어져서 각 방면으로 추격해 왔을 때였습니다. 이때 매복시켜 두었던 소수의 유토피아 군에 의해 전세는 역전되었습니다. 기회를 엿보고 있다가 매복해 있던 유토피아 군은 흐트러진 적군에게 기습을 가했던 것입니다. 이때 적군은 안심한 나머지 경계를 하지 않고 있었습니다. 이렇게 해서 적군은 승리를 빼앗겨 승자가 뒤바뀌어 버리고만 것입니다.

그들의 공격 전술과 방위 전술은 어느 것이나 다 교묘합니다. 실제로는 후퇴를 염두에 두지도 않으면서 후퇴하는 척할 때도 있습니다. 그러나 그들이 실제로 후퇴하기로 작정했을 때는 아무도 눈치를 채지 못합니다. 그들은 병력이나 지리적 조건이 불리하다고 생각되면 밤중에 소리도 없이 진지에서 물러나거나, 또는 적군을 기만하는 다른 방법을 써서 후퇴합니다.

그렇지 않으면 그들은 대낮에 철수하는데, 서서히 완전한 대형을 유지하면서 후퇴하기 때문에 후퇴할 때 그들을 공격하는 것은 전진할 때 공격하는 것과 마찬가지로 위험합니다.

그들은 진지 둘레에 아주 깊고 넓은 참호를 파서 효과적으로 진지를 요새화합니다. 파낸 흙은 안쪽으로 던져서 성벽을 쌓지요. 이 일은 노예에게 맡기지 않습니다. 병사들 자신이 직접 참호를 파는 것입니다. 기습에 대비하여 성벽 앞에 배치한 소수의 무장 보초를 제외하고는 전병력이 동원되는 것입니다. 많은 병력이 동원되기 때문에 그들은 극히 짧은 시간에 광대한 지역을 효과적으로 요새화할 수 있습니다.

그들이 입은 갑옷은 견고하여 적군의 공격을 막아 내기에 충분하며, 신체의 활동에 지장을 주지 않습니다. 수영까지 할 수도 있습니다. 사실 그들은 기초적인 군사 훈련 때부터 갑옷을 입고 헤엄치는 법을 연습합니다. 그들의 장거리 사격 무기는 활인데, 기병이든 보병이든 활을 힘차고 정확하게 쏘는 법을 배웁니다. 가까운 거리의 전투에서는 칼이 아니라 전투용 도끼를 쓰는데, 이 도끼는 날카롭고 무겁기 때문에 내려찍거나 찌르거나 하여 큰 손상을 줄 수 있는 것입니다.

또한 그들은 가장 교묘한 무기를 발명 제조하는데, 이 무기는 전투에 사용하게 될 때까지는 은폐해 둡니다. 숨겨 두지 않으면 이러한 무기는 놀림감이 되기 쉽고, 따라서 충분한 효과를 올리지 못하기 때문입니다. 이러한 무기를 고안해 낼 때, 그들은 운반하기 쉽고 조작하기 쉽도록 특별한 주의를 기울입니다.

그들은 일단 휴전 조약을 맺으면 상대방의 도발을 받더라도 이를 위반하지 않습니다. 그들은 적의 영토를 황폐시키거나 적지의 곡식을 불태워 버리는 일이 없습니다. 그들은 이 곡식은 바로 자기 자신들을 위해서 자라고 있다고 생각하기 때문에 기병이나 보병이 짓밟지 못하도록 세심한 주의를 기울입니다.

그들은 무장을 하지 않은 사람은 간첩이 아닌 한 해치지 않습니다. 그들은 항복한 도시는 보호해 주며, 강습해서 빼앗은 도시라도 약탈하지 않습니다. 그들은 단지 항복을 못하게 한 책임자들을 사형에 처하고, 살아 남은 병사들을 노예로 삼을 뿐입니다. 시민은 전혀 해치지 않습니다. 항복을 권고한 사람이 발견되면 전리품의 일부를 줍니다. 나머지는 동맹군에게 나누어 줍니다. 유토피아 인들은 아무도 전리품을 차지하지 않습니다.

전쟁이 끝나면, 유토피아 인들은 그들이 전쟁 비용을 지불해 준 우방국이 아니라 패전한 적국에 청구서를 보냅니다. 그들은 일부는 앞으로의 전쟁에 대비하여 저축해 두기 위해서 현금으로 지불하고, 일부는 적국 영토 내의 비옥한 토지에 대한 소유권으로 지불하도록 요구합니다. 이렇게 해서 그들은 많은 외국으로부터 재산을 얻었으며, 그 결과 거둬들인 수입이 점점 늘어나서 현재는 연간 70만 듀컷[42] 이상에 달했습니다.

---

42 옛날에 유럽에서 통용되던 금화로, 1듀컷은 현재의 영국 돈 약 9실링에 해당된다.

이러한 나라에는 각기 유토피아 시민을 파견하는데, 형식상 세금 징수원으로 되어 있지만, 실제로는 그 나라에서 명사로서 부유한 생활을 합니다. 세금 징수원이 쓰고 남는 돈도 거액인데, 유토피아 인은 흔히 이 돈을 세금을 바치고 있는 그 나라에 유토피아에서 실제로 필요하게 될 때 반환한다는 조건으로 대여해 줍니다.

그러나 그 돈이 꼭 필요한 때가 오더라도 전부를 요구하는 일은 드뭅니다. 앞서 말한 바와 같이 위험을 무릅쓰고 그들을 도와 준 사람에게 일부를 양도하기도 합니다.

어떤 왕이 그들의 영토를 침범하기 위한 전쟁을 준비하면, 그들은 대병력을 파견하여 적군이 국경[43]에 도달하기 전에 물리칩니다. 그들은 가능한 한 결코 그들의 영토 내에서는 전투를 벌이지 않으며, 또한 아무리 위급하더라도 동맹군이 섬으로 들어오는 것을 허락하지 않습니다.

종교 사상

유토피아 섬 전체 국민은 물론, 각 도시의 시민들은 서로 다른 여러 종류

---

43 여기서 말하는 국경은 유토피아의 국경이 아니라, 유토피아 소유지가 있는 나라의 국경을 말하는 것 같다.

의 종교를 믿고 있습니다. 태양을 숭배하는 자, 달을 숭배하는 자, 기타 여러 유성을 숭배하는 자도 있습니다. 과거 위대했거나 덕이 높았던 인간을 신으로 모실 뿐만 아니라, 최고의 신으로 여기는 사람들도 있습니다. 그러나 대부분의 사람들은 보다 현명한 견해를 갖고 있습니다.

인간으로서는 절대 알 수 없고, 영원하며, 불가해 하고, 또한 인간이 이해할 수 있는 한계를 초월하여 우주 전체에, 어떤 물질에 의해서가 아니라 덕과 힘에 의해서 유일한 신이 존재하고 있다고 그들은 믿는 것입니다. 그들은 이 신을 '아버지'라고 부릅니다. 그들은 이 우주의 구석구석에서 일어나는 모든 일, 곧 온갖 창조와 사멸, 성장, 발전, 변화를 일으키는 것은 바로 이 신이라고 믿습니다.

우주를 창조하고 다스리고 있는 유일한 최고의 신이 존재한다는 점에 대해서는 다른 종파도 모두 동의하고 있으며, 각 종파는 이 신을 '미트라스'[44]라는 동일한 유토피아 말로 부르고 있습니다. 여기서 의견이 다른 것은 과연 어느 신이 미트라스인가 하는 점입니다. 이 점에 대해서는 여러 가지 서로 다른 견해를 가지고 있습니다.

각 종파는 최고의 신은 자연, 즉 우주를 다스리는 유일한 근원이라고 인정되는 저 거대한 힘과 일체를 이루고 있다고 주장합니다. 그러나 유토피

---

44 미트라스는 페르시아의 빛의 신이다. 태양신 숭배는 기독교와 유사점이 있으니, 곧 그 의식에는 세례 및 밀가루와 물의 혼합물을 마시는 관례가 포함되어 있다. 또한 이것은 로마 군대 사이에 널리 퍼져 있었다. 미트라스의 사원(寺院)은 노덤랜드 주와 최근에는 런던에서 발견되었다.

아 인들은 점차 모든 저속한 신앙을 타파하고, 가장 합리적인 종교로 귀일(歸一)하고 있습니다. 개종하려고 할 때 악운이 닥쳐오고, 이것을 우연이 아니라 하늘로부터의 심판이라고 해석하는 미신적인 경향만 없었더라도 다른 종교들은 이미 오래 전에 자취를 감추었을 것이 확실합니다.

그러나 우리가 그리스도와 그리스도의 가르침, 그리스도의 인격, 그리스도의 기적, 그리고 스스로 피를 흘리면서 많은 민족에게 그리스도를 전파하기 위해 노력한 모든 순교자의 기적적인 현실에 대해 말해 주었을 때, 유토피아 인들이 쉽게 받아들여서 우리를 놀라게 만들었습니다. 아마도 그들은 무의식중에 어떤 신비한 영감(靈感)의 감화를 받았거나, 기독교가 그들의 주요한 종교와 유사했기 때문이 아닌가 합니다. 그리스도가 제자들에게 재산을 공유하는 생활(이것은 가장 진실한 기독교 공동체[45]에서는 지금도 실천하고 있습니다)을 명령했다는 이야기를 했을 때, 그들은 큰 감동을 받았던 것 같습니다.

그 이유는 무엇이든 간에 상당히 많은 유토피아 인들이 기독교에 귀의해서 영세를 받았습니다.

불행하게도 우리들 4명(2명은 죽고 4명만이 남아 있었습니다) 중에는 신부가 없었습니다. 그러므로 유토피아 인들은 교회의 다른 의식은 모두 치렀지만, 신부만이 집전할 수 있는 성사는 받지 못했습니다.

---

45 모어는 각주(脚註)에서 진실한 기독교 공동체는 수녀원과 수도원을 말한다고 설명했다.

그들은 성사가 무엇인지를 이해했고, 또한 성사 받기를 무엇보다도 갈망했습니다. 그들은 신도 중의 한 사람을 신부로 삼기 위해서 그들이 선출한 신부가 교황의 인준(認准)을 받지 못하고도 자격을 갖춘 신부가 될 수 있느냐, 없느냐에 대해 열심히 논쟁을 했습니다. 내가 떠날 때까지는 실제로 선출하지는 않았습니다만, 그들은 신부 후보자를 선출했을 것이 확실합니다.

물론 유토피아 인 중에도 기독교를 받아들이기를 거부하는 사람이 많습니다. 그러나 그러한 사람들도 다른 사람들이 기독교를 택하는 것을 막지는 않으며, 또한 기독교를 택한 사람을 공격하지도 않습니다.

제가 그곳에 있을 때, 기독교 신도 중의 한 사람이 소란을 피운 일이 있었습니다. 그는 영세를 받자마자 우리의 만류에도 불구하고 기독교 신앙에 대해 공개적으로 전도를 시작했는데, 신중을 기하지 않고 지나칠 정도로 열성이었습니다.

결국 그는 너무 열중한 나머지, 기독교의 우월성을 강조하는 데 그치지 않고 다른 모든 종교를 비난하기에 이르렀습니다.

그는 다른 종교는 모두 비열한 미신이고, 이러한 종료를 믿는 자는 흉칙한 괴물이며, 영원히 지옥의 불 속에서 처벌을 받을 운명에 놓여진다고 계속해서 소리 높여 외쳤던 것입니다. 얼마 동안 그가 이와 같이 떠들어 대자 그는 체포되었는데, 신을 모독해서가 아니라 공공질서 문란죄로 기소되었습니다. 그는 유죄 판결을 받아 국외로 추방당했습니다. 유토피아 헌법의 가장 오래된 원칙은 종교적 관용[46]이었기 때문입니다.

이 원칙은 유토포스가 정복을 감행하던 때 세워진 것입니다. 당시 유토피아에서는 종교에 대한 논쟁이 끊임없이 일었고, 파쟁에만 급급한 나머지 여러 종파는 국가 방위를 위한 협동조차도 거부했습니다. 유토포스는 그들의 이러한 행동을 알고는, 이것이 바로 그가 이 나라를 정복할 수 있는 원인임을 깨달았습니다. 그러므로 유토포스는 승리하자, 곧 누구에게나 신앙의 자유를 보장했으며, 합리적인 토론에 의해 온건한 전도를 한다면, 다른 사람을 자기가 믿는 종교를 믿게 만들거나 개종시켜도 좋다는 법률을 제정했습니다.

그러나 유토포스는 다른 사람들을 설득하지 못했을 경우에 다른 종교를 심하게 비난하거나 폭력을 행사하거나 말다툼을 하는 것은 허락하지 않았습니다. 종교 논쟁에 있어서 지나치게 공격적인 경우에 대한 일반적인 형벌은 국외로 추방하거나 노예로 만드는 것입니다.

유토포스가 이 법률을 제정한 것은 단지 사회 질서의 유지를 위해서만이

---

46 모어는 대법관 시절에 분명히 이교도에게 사형을 언도했을 것이다. 그는 죽기 2년 전에 쓴 자기의 《변명》에서 조금도 주저하지 않고 그가 프로테스탄트인 존 프리드를 비난했음을 시인했는데, 이것은 이교도를 불태워 죽이는 데 대해서는 그리스도가 개인적으로 책임을 져야 한다는 것을 암시하는 것이다. 이교도에 대한 모어의 태도와 《유토피아》의 이 구절 사이의 모순은 그다지 심각한 것은 아니다. 첫째로 유토피아의 관용은 제한된 범위 내에서만 이교도에게 적용되며, 둘째로 공공 질서를 문란시키는 전도는 마땅히 처벌받는 것이다. 모어는 분명히 이교도를 문명 사회의 파괴자라고 생각했다. 그러나 아직도 약간의 모순은 남아 있으며, 의식이 있는 사람이라면 모어가 실제 생활에서는 비유토피아적인 처신을 한 데 대해 두려움을 금치 못할 것이다.

아니라, 이 법률은 종교 자체에도 최대의 이익을 초래하리라고 생각했기 때문이었습니다. 그는 어느 종교가 옳다고 규정짓지는 않았습니다. 신은 여러 가지 다른 방식으로 숭배받기를 원하므로 사람에 따라 다르게 믿을 수도 있다고 생각했음이 분명합니다.

그러나 그는 자기 자신의 특정한 종교를 믿도록 다른 사람에게 협박하는 것은 어리석고 오만한 행위라고 생각했습니다. 그는 비록 진실한 종교는 단 하나밖에 없고, 다른 종교는 모두 거짓이라 하더라도 이성에 입각하여 냉철히 검토하는 한, 진리는 궁극적으로는 그 자체의 힘으로 승리를 거둘 것이라고 확신했습니다. 그러나 만일 폭력에 의해 좌우된다면, 가장 훌륭하고 가장 거룩한 종교는 마치 곡식보다 가시덤불이 더 잘 자라듯이 가장 망령된 미신에 밀려나게 될 것입니다. 가장 간악한 사람은 언제나 완고하기 마련인 것입니다.

그러므로 유토포스는 종교의 선택은 개개인의 생각에 따라 자유로이 결정할 문제라고 규정지었습니다. 단지 그는 영혼은 육체와 함께 죽는다든가, 우주는 섭리의 지배를 받지 않고 우연에 따라 움직인다든가 하는 인간의 존엄성을 말살시키는 그러한 믿음은 엄격하게 금지했습니다. 그래서 유토피아 인들은 사후에 포상과 처벌을 받는다는 것을 확신하게 된 것입니다. 그들은 이와 같이 생각하지 않는 사람은 자신의 불멸의 영혼을 짐승의 육체와 동일한 것으로 격하시켰으므로, 인간 대우를 받을 수 없게 되었다고 생각합니다. 더구나 그러한 사람은 유토피아 시민이라고 할 수는 없습니다.

유토피아 인들은 이러한 사람은 유토피아의 생활 방식에 진정으로 동의하지 않을 것이라고 말합니다. 단지 처벌이 겁나서 그런 척하는 데 지나지 않는다는 것입니다. 왜냐하면 법의 처벌 이외에는 아무것도 두려워하지 않고, 사후에 대한 희망이 전혀 없는 자는 자기 자신의 개인적 이익을 위해 언제나 그 나라의 법망을 벗어나거나 법률을 침해하려고 획책할 것이 당연하기 때문입니다. 그러므로 이러한 교리에 동의하는 자는 명예를 얻지도 못하고, 공직에 임명되지도 못하며, 공공기관에서 일하지도 못합니다. 사실 이러한 사람은 일반적으로 가장 비난받아야 할 자로 여겨지고 있습니다.

그러나 이러한 자들이 처벌을 받는 일은 없습니다. 신앙에 대해 죄를 가할 수 없기 때문입니다. 또한 유토피아 인들은 위선은 실제로 사기와 같다고 생각하고 위선을 몹시 싫어하기 때문에 이러한 자들에게 자기의 견해를 감추도록 강요하지도 않습니다. 그렇지만 이러한 자들이 공개적으로 자신의 신앙을 보호하려 드는 것은 불법입니다. 신부 또는 지식인과 개인적으로 토론을 하는 것은 허용되며, 또한 적극적으로 장려합니다.

이러한 유물론자들과는 극단적인 반대 의견을 가지고 있는 유토피아 인도 많습니다. 물론 이들을 억제하는 법률은 없습니다. 그들은 그들 나름대로의 이론이 있고, 또 이러한 주장을 하는 사람들 자신은 근엄하기 때문입니다. 이 사람들은 동물도 인간의 영혼보다 열등하기는 하지만 불멸의 영혼을 가지고 있으며, 인간보다 저속하지만 행복에 도달할 수 있다고 믿습니다.

무한한 행복이 인간을 기다리고 있다고 실제로 믿기 때문에 병이 든 것을 슬퍼하지만, 죽음을 슬퍼하는 사람은 아무도 없습니다. 물론 죽기 싫어하는 사람이 어쩔 수 없이 죽었을 때는 그의 죽음을 슬퍼해 줍니다. 죽기 싫어하는 것을 유토피아 인들은 나쁜 징조라고 생각합니다. 그 영혼이 자신의 죄를 알고 있고, 따라서 막연하게나마 닥쳐올 처벌이 두렵기 때문에 죽음의 공포가 생긴다는 것입니다.

게다가 그들은 신의 부름을 받고 기꺼이 달려가지 않고, 억지로 끌려가는 사람은 신이 반가이 맞아 주지 않을 것이라고 생각합니다. 그래서 그들은 이러한 죽음을 보면 침통한 침묵 가운데 장례식을 치릅니다. 그들은 다만 이렇게 말할 뿐입니다.

"신이여, 이 영혼을 가엾이 여기시고, 그의 약함을 용서하소서."

그리고 나서 그들은 시체를 묻어 버립니다.

그러나 기쁜 희망을 안고 즐겁게 죽은 사람에 대해서는 아무도 슬퍼하지 않습니다. 그들은 장례식에서 찬송가를 부르며 '죽은 이의 영혼을 신에게 부탁합니다.'라고 기도드립니다. 끝으로 그들은 슬퍼한다기보다는 오히려 경건한 마음으로 시체를 화장하고, 그 자리에 그의 공적이 적혀 있는 비석을 세웁니다. 그뒤 그들은 집으로 가서 고인의 인격과 선행에 대해 이야기하는데, 그들이 가장 유쾌한 마음으로 회상하는 것은 고인이 즐거운 마음으로 죽음에 임했다는 점입니다.

이와 같이 고인의 훌륭한 공적을 회상하는 것이 살아 있는 사람들에게 덕을 권장하고 고인을 즐겁게 해 주는 가장 좋은 방법이라고 생각하는 것입니다. 고인은 비록 눈에 보이지는 않지만, 이러한 이야기를 그들 옆에서 듣고 있다고 믿고 있습니다. 결국 완전한 행복이란 완전한 행동의 자유가 따르며, 또한 죽었다고 해서 생전에 아주 친밀하던 친구들을 보고 싶은 감정이 없어지는 것은 아니라고 생각하기 때문이지요.

유토피아 인들은 선량한 사람의 애정은 다른 모든 좋은 것들과 마찬가지로, 죽음에 의해서 사라지는 것이 아니라 오히려 더 커진다고 믿습니다. 그러므로 고인은 산 사람을 자유로이 방문하며, 산 사람의 언행을 일일이 지켜본다고 믿습니다. 사실 그들은 고인들을 보호자처럼 생각하고 있으므로, 그들이 문제를 해결할 때 보다 큰 자신감을 가질 수 있습니다. 또한 선조가 함께 있다는 생각 때문에 남몰래 나쁜 짓을 못하게 됩니다.

유토피아 인들은 다른 나라에서 존중되고 있는 길조, 흉조를 가리는 일, 점을 치는 일, 기타 온갖 미신을 비웃고 농담으로 생각합니다. 그러나 자연에서 그 원인을 찾을 수 없는 기적은 대단히 존중하고 있습니다. 그들은 기적을 신의 권능의 증거라고 생각하기 때문입니다. 유토피아에서는 이러한 기적이 자주 일어난다고 말합니다. 실제로 위기에 직면했을 때 전국민이 기적을 기원하면 때때로 그들의 기원이 성취되기도 합니다.

대부분의 유토피아 인들은 자연을 연구하고 그 자연을 창조한 신을 찬양하면 신을 즐겁게 하는 것이라고 생각합니다. 그러나 많은 사람들이 종교에 몰두하여 지식 탐구를 등한시하고 있습니다. 그러한 사람들은 과학에도 흥미가 없습니다. 그들은 사후의 행복을 얻는 길은 오직 선행에 일생을 바치는 것이라고 믿기 때문에 과학에 흥미를 가질 시간적 여유가 없는 것입니다.

어떤 사람은 환자를 돌보고, 어떤 사람은 도로를 수리합니다. 또 어떤 사람은 잔디와 모래, 돌을 파내거나 나무를 잘라 내서 켜고, 재목과 곡식 따위를 도시로 운반합니다. 그들은 노예처럼 살며, 노예보다 더 심한 노동을 하는데, 사회뿐만 아니라 개인을 위해서도 열심히 도와줍니다. 보통 사람들이 싫어하거나 도저히 이루어지지 않는 일이라고 여겨서, 되도록 기피하는 추하고 힘든 일을 그들은 기꺼이 맡아서 합니다. 이렇게 쉬지 않고 일함으로써 다른 사람들을 쉬게 합니다. 그렇다고 그들이 대가를 받는 것은 아닙니다.

그들은 다른 사람들의 생활 태도를 비난하지도 않고, 자신들의 생활 태도를 자랑하지도 않습니다. 그러므로 그들이 열심히 일할수록 모든 사람들이 그들을 더욱 존경하게 됩니다.

그들은 두 종류가 있습니다. 그중 하나는 독신주의를 신봉합니다. 이 파에 속하는 사람들은 여자와 성관계뿐만 아니라, 육식도 하지 않습니다. 그들은 현세에서의 모든 쾌락(이들은 이러한 쾌락을 죄악이라고 생각합니다)을 거부하고, 오로지 내세만을 중히 여깁니다. 열심히 일하고 잠을 자지 않음으로써 내세의 안락을 얻으려고 하는 것입니다. 그들은 언젠가는 내세에 이르리라는 희망 때문에 항상 생기가 감돌고 있습니다.

다른 하나도 마찬가지로 중노동을 중히 여기지만, 결혼에는 찬성합니다. 그들은 결혼이 주는 위안을 무시해서는 안 되며, 자손을 낳는 것은 자연과 국가가 부여한 의무라고 생각하는 것입니다. 그들은 그것이 노동을 방해하지 않는 한, 쾌락에도 반대하지 않습니다. 그들은 육식을 합니다. 고기를 먹으면 더 열심히 일할 수 있다고 생각하기 때문입니다.

유토피아 인들은 일반적으로 후자에 속하는 사람들이 전자에 속하는 사람들보다 더 현명하다고(물론 전자에 속하는 사람들이 더 거룩하기는 하지만) 생각합니다. 전자에 속하는 사람들이 그들의 행동을 이성으로 합리화시키려고 하면 비웃음을 받습니다. 그러나 그들은 자신들의 생활의 동기가 합리적인 데 있는 것이 아니라 종교적인 데 있음을 시인하면 대단한 존경을 받게 됩니다. 유토피아 인들은 언제나 종교 문제에 대해서는 속단하지 않으며 아주 신중하게 다루기 때문입니다. 여기에 속한 사람들을 유토피아 말로는 부트레스카에[47] 라고 부르는 데, 이 말은 종교적 성직자라는 뜻이 됩니다.

유토피아의 성직자들은 남달리 신앙심이 깊으며, 그 수도 매우 적습니

---

47 부트레스카에(Buthrescae)는 thereskos(종교적, 또는 미신적)이라는 말에 bou(거대하다는 뜻을 나타냄)라는 접두어를 붙여 만든 말로, '지나친 신앙을 가진 사람들' 이라는 뜻이다.

다. 보통 한 도시에 13명, 한 교회에 1명이 있습니다. 그러나 전시에는 13명 중 7명은 군대와 함께 출전하고, 임시 대행자 7명이 새로 임명됩니다. 군대에 따라갔던 성직자가 돌아오면 그들은 종전대로 복귀하며, 전시 중 임시 대행자로 임명된 정원 외의 인원은 주교(13명 중의 1명에게 이 지위가 부여됩니다) 밑에서 일하다가 정규의 성직자가 죽었을 때 생긴 공석을 차례로 계승합니다.

성직자는 시민에 의해 선출됩니다. 선거는 모든 공직과 마찬가지로 어떤 압력도 받지 않도록 비밀투표로 시행되며, 후보자가 선출되면 성직자 회의에서 임명됩니다. 성직자는 예배를 주관하고, 교회 사무를 보며, 사회 도덕을 감시하는 책임을 집니다. 나쁜 짓을 하여 종교 재판을 받거나, 성직자의 비난을 받는 것은 큰 불명예가 됩니다. 물론 범죄에 대한 실제적인 억제와 처벌은 시장과 기타 공무원이 처리합니다. 성직자는 다만 충고나 경고를 할 뿐입니다.

그러나 성직자는 개전(改悛)하지 못하는 죄인을 파문할 수 있는데, 파문보다 더 무서운 형벌은 없습니다. 파문된 자는 그 명예가 전적으로 훼손될 뿐 아니라 신의 보복이 두려워서 공포에 떱니다. 신체적 안전도 위협을 받습니다. 파문된 자가 개심(改心)을 했다는 것을 성직자가 인정해 주지 않으면, 파문된 자는 체포되어 불경죄(不敬罪)로 의회의 처벌을 받게 됩니다.

또한 성직자는 어린이와 청년을 가르치는 책임을 집니다. 이들에 대한 교육은 학문적 훈련과 마찬가지로 도덕심을 강조하고 있습니다. 감수성이 예민할 때 어린이들에게 사물에 대한 올바른 사상, 즉 그들의 사회제도를 유지하는 데 이로운 사상을 가르쳐 주기 위해 성직자들은 최선을 다합니다. 어릴 때 철저히 교육을 받으면 이러한 사상은 성인이 된 후에도 지속되며, 따라서 국가의 안전에도 크게 도움이 되는 것입니다. 국가가 쇠퇴하는 이유는 잘못된 사상에서 생기는 도덕적 결함이 크게 작용하기 때문이라고 그들은 믿습니다.

남성 성직자에게는 결혼이 허용됩니다.[48] 여자를 성직자로 선출하는 것[49]을 금지하지는 않지만, 여자가 성직자로 선출되는 경우는 거의 없고, 선출된다 하더라도 나이든 과부로 한정되어 있습니다. 성직자의 아내는 유토피아에서 최고의 지위를 얻습니다. 성직자보다 더 존경을 받는 공직은 없기 때문입니다.

그뿐 아니라, 성직자는 죄를 범하더라도 기소되지 않습니다. 유토피아인은 죄를 범한 성직자를 신과 그의 양심에 맡겨 두는 것입니다. 그들은 그 성직자가 무슨 일을 저질렀든지, 신에게 특별한 제물로 바친 사람에게 인간이 손을 대는 것은 부당하다고 생각합니다. 그들은 이러한 규칙을 매우

---

48 모어는 《이교도에 관한 대화(1528)》에서 신부들의 결혼 허용에 대한 의견을 논박하고 있다. 모어는 루터의 결혼에 반대하여 그를 '공개적인 근친상간의 호색가'라고 혹평했다.
49 모어는 여자가 신부가 되어 모든 성사(聖事)를 보는 것을 반대했다. 예컨대 만일 여자 신부에게 고해 성사를 한다면 며칠 안에 고해 성사한 내용이 온 마을에 쫙 퍼질 것이라고 비꼬았다.

쉽게 지킬 수가 있습니다. 성직자가 극소수인데다가 신중히 선출되기 때문이지요. 뛰어난 후보자 중에서 선출되었고, 오로지 그의 도덕심 때문에 임명된 사람이 갑자기 약해져서 부패한다는 것은 실제로는 거의 일어나지 않는 일입니다.

그러나 우리는(인간의 기질이란 예측하기 어려운 것이므로) 이러한 가능성을 긍정한다고 하더라도, 집행권도 갖지 못한 극소수의 사람들이 사회에 커다란 위험을 끼칠 수는 없는 것입니다. 그들이 수를 제한하는 것은 이러한 명예를 여러 사람에게 주면 현재 성직자들이 지니고 있는 높은 존엄성이 떨어질까 염려되기 때문입니다. 특히 그들이 말하는 대로 보통의 덕보다는 훨씬 더 많은 덕이 요구되는, 이러한 지위에 알맞는 사람을 다수 찾아낸다는 것은 어려운 일입니다.

유토피아의 성직자들은 국내에서와 마찬가지로 해외에서도 존경을 받습니다. 전쟁터에서 일어나는 일을 보면 그들이 존경받고 있는 이유와 증거를 알 수 있습니다. 전투가 벌어지고 있을 때, 성직자는 싸움터에서 약간 떨어진 곳에서 신성한 법복을 입고 끓어앉아 두 손을 하늘로 쳐듭니다. 그들은 첫째로 평화를 위해 기도하고, 피를 흘리지 않고 승리하기를 기도합니다. 유토피아 군대가 승리를 거두면 즉시 성직자는 전쟁터에서 불필요한 모든 폭력을 제거합니다. 그들이 나타나면 적군 병사는 단지 그들을 소리쳐 부르기만 해도 생명을 구할 수 있고, 또 적군 병사가 성직자의 옷자락을 만지기만 해도 그의 재산도 전화(戰禍)를 면하게 됩니다. 따라서 성직자는 어느 나라에서나 존경을 받고 신성한 권위를 갖고 있어서 적군을 보호해 주고, 때로는 유토피아 군인을 보호해 주기도 하는 것입니다.

잘 알려져 있는 이야기지만, 간혹 유토피아 인들이 전면적으로 후퇴하고, 살육과 약탈을 감행하고자 적군이 추격해 오는 위급한 순간이라도 성직자가 중재에 나서서 학살을 방지할 수 있고, 공정한 평화가 이루어지게 해 줍니다. 가장 잔인하고 야만적인 민족 사이에서도 유토피아의 성직자는 일반적으로 신성불가침의 존재로 여겨지고 있기 때문입니다.

유토피아 인들은 매달 첫날과 마지막 날, 그리고 매해 첫날과 마지막 날을 종교적인 축제일로 정하고 있습니다. 그들은 태양의 운행에 따라 해를 가르고, 달의 운행에 따라 달을 헤아리고 있습니다.

그 첫날은 유토피아 말로 키네메르니[50]라 부르고, 마지막 날을 트라페메르니[51]라고 부릅니다. 즉 '시작을 위한 축제일'과 '끝을 위한 축제일'이라고 할 수 있습니다.

유토피아의 교회는 웅장하게 보입니다. 건물이 화려하고 매우 크기 때문입니다. 아시다시피 교회가 몇 개 되지 않으므로 많은 사람을 동시에

---

50 키네메르니(cynemerni)는 kuon, kuos(개)와 hemera(날)의 합성어이다. 고대 그리스에서는 그 믐밤에는 천지를 다스리는 여신(Hecate)에게 제물로 바치기 위해 음식을 집 밖에 내놓는 관습이 있었다. 이 관습과 개 사이에는 세 가지 관점에서 관계가 있다. 곧 개가 짖는 것은 여신이 가까이 온다는 것을 알려 주며, 여신 자신도 흔히 개를 데리고 다니고, 게다가 밖에 내놓는 음식을 개들이 포식하는 것이다.
51 트라페메르니(trapemerni)는 trepo(회전, 변화)와 hemera(날)의 합성어. 묵은 달이 가고 새 달이 온다는 뜻이다.

수용할 수 있도록 지어야 합니다. 그런데 교회 내부는 어둠침침합니다. 건축가가 잘못 지은 것이 아니라 일부러 그렇게 지었다고 유토피아 인들은 설명합니다. 너무 밝으면 사람들의 주의력이 산만해지고, 희미한 빛이 집중적 사고와 종교적 분위기를 잘 이루어 낸다고 성직자들은 생각한 것입니다.

물론 만인에게 공통되는 동일한 형태의 종교는 없습니다. 여러 가지 종교가 있기는 하지만, 여러 종파가 있더라도 결국 그 목적은 동일합니다. 곧 신성한 존재의 숭배인 것입니다. 그러므로 그들의 교회에서는 모든 종교에 통용될 수 있는 의식과 설교만을 행합니다. 개별적인 종파의 특별한 의식은 집에서 개인적으로 행하며, 공동 예배는 이러한 개인적 의식을 망치지 않는 범위 내에서 행합니다.

따라서 교회에는 어떠한 신상(神像)도 놓지 않았으며, 따라서 각자는 자기 나름대로 신의 모습을 자유롭게 그리며, 자기가 속한 종교가 최고라고 생각합니다. 또한 신을 특별한 명칭으로 부르지도 않습니다. 신은 단지 미트라스라고 불리우는데, 이 말은 어떠한 신을 믿든지 최고 신을 나타내며, 개개인이 사용하는 일반 명칭에 지나지 않습니다. 마찬가지로 자기 자신의 특별한 신앙에 대한 선입견 없이 모두가 참여할 수 있는 기도만이 허용됩니다.

'끝을 위한 축제일'에는 하루 종일 단식을 하고, 저녁에 그 해 또는 그 달을 무사히 지내게 해 준 신에게 감사 드리러 교회에 갑니다. '시작을 위한 축제일' 날, 그들은 아침에 교회에 모여서 방금 시작된 한 해, 또는 한 달 동안 행복과 번영이 깃들이기를 기원합니다. 그러나 '끝을 위한 축제일'에는 교회로 가기 전에 집에서 아내는 남편 앞에, 자녀는 부모 앞에 무릎 꿇고 앉아 그 동안의 게으름과 죄를 고백하고 용서를 빕니다. 이렇게 해서 가정의 분위기를 어둡게 하던 일체의 먹구름을 제거하고, 누구나 아주 맑고 침착한 마음으로 신성한 예배에 참여합니다.

맑지 못한 마음으로 예배에 참여하는 것은 신을 모독하는 행위로 여겨집니다. 그러므로 다른 사람에게 분노나 원한을 품은 사람은 화해를 해서 불유쾌한 감정이 없어질 때까지 교회에 나오지 않습니다. 그렇지 않으면 즉각 엄중한 처벌이 내려질 것이라고 생각하며 그들은 두려워하고 있습니다.

그들은 교회에 들어가서 남자는 오른쪽으로, 여자는 왼쪽으로 가는데, 각 가정의 남자는 그 집안의 가장 나이 많은 남자 어른 앞에 앉고, 또 가장 나이 많은 여자 어른은 각 가정의 여자들 뒤에 앉아서 감시합니다. 이와 같은 방법으로 가정 교육을 책임지고 있는 사람들은 가족 각자의 공개 석상에서의 행동을 감시할 수 있는 것입니다.

나이 어린 사람들과 나이 많은 사람이 섞여 있도록 세심한 배려를 합니다. 어린이들끼리 몰려 앉으면 선행에 대한 유일한 자극은 아니더라도 가장 강력한 동기인 종교적 외경심을 일깨워야 할 때, 어린이들이 교회 안에서 쓸데없는 장난에 몰두해서 시간을 낭비해 버릴 우려가 있다는 것입니다.

그들은 결코 동물을 제물로 바치지 않습니다. 그들은 자비로운 신이 도살이나 유혈을 즐긴다고는 생각지 않기 때문입니다. 신은 자신의 창조물이 살아서 활동하기를 원하므로 창조물에게 생명을 부여한 것이라고 그들은 말합니다. 그러나 그들은 여러 가지 향료를 태우고 촛불을 많이 켜 놓습니다. 물론 향료나 촛불 따위는 신성한 존재에게 어떤 이익도 줄 수 없음을 알고 있지만, 이러한 제물이 해가 되지는 않는다고 생각하며, 또한 향료의 향기, 촛불의 빛, 기타 의식은 경건한 마음을 불러일으켜 더욱 진지하게 예배를 드릴 수 있게 만든다고 생각하기 때문입니다.

신도는 흰옷을 입고 성직자는 값싼 천으로 만들어진 알록달록한 법복을 입습니다. 이 법복은 금실로 엮거나 진기한 보석으로 장식한 것이 아니며, 오직 여러 가지 새의 깃털로 장식을 했을 뿐입니다. 그러나 법복의 바느질은 값진 재료를 사용해서 만든 세계의 어떤 옷보다도 그 가치가 높습니다. 또한 새의 깃털은 신성한 진리를 상징하는 특별한 모양에 따라 짜넣습니다. 성직자들은 이 상징의 의미를 상세히 가르쳐 줍니다. 이 상징은 신의 신도에 대한 사랑, 그들의 신에 대한 의무, 그리고 신도 상호간의 의무를 신도들에게 깨우쳐 주고 있습니다.

이러한 법복을 입고 성직자가 지성소(至聖所)로부터 나타나는 순간 신도들은 모두 교회 바닥에 엎드려서 경의를 표합니다. 그러면 교회 안은 침묵이 흐릅니다. 정말로 신이 나타나기라도 한 듯이 엄숙해지는 것입니다. 몇

분 후, 성직자는 신도들에게 손짓으로 일어나게 합니다. 그러면 신도들은 악대에 맞춰 찬송가를 부릅니다.

그들의 악기는 유럽의 악기와는 판이한 것으로, 유럽의 어느 악기보다 소리가 맑습니다. 물론 유럽의 악기와 비교할 수 없을 정도로 뒤떨어지는 악기도 있기는 합니다만. 그러나 한 가지 분명한 것은 그들의 악기가 유럽의 악기보다 앞서 있다는 것입니다. 성악이든 기악이든 그들의 음악은 놀라울 만큼 감정을 잘 표현합니다. 주제가 기도이든, 즐겁든, 슬프든, 분노에 차 있든 어떤 때를 막론하고 음과 감정이 조화를 이루어 적절한 감정을 정확히 표현하고 있습니다. 그러므로 청중의 마음속 깊이 스며들어 영감을 불어넣어 줍니다.

예배는 성직자와 신도가 정해진 기도문을 외우는 것으로 끝납니다. 이 기도문은 신도들이 함께 외우면서도 각자 자기 자신을 위해 기도하는 것처럼 느끼도록 작성되어 있습니다. 기도문은 다음과 같습니다.

"주여, 저는 당신이 저를 창조하시고 다스리시며, 모든 훌륭한 것이 당신으로부터 나온다는 것을 믿습니다. 저는 당신의 모든 은혜에 감사합니다만, 그중에서도 가장 행복한 사회에 살면서 가장 진실한 종교를 믿게 해 주신 데 대해 감사 드립니다. 만일 제 생각이 잘못이라면, 만일 당신의 마음에 드시는 더 참된 종교나 사회 제도가 따로 있다면 당신의 지시대로 따르겠나이다. 그러나 만일 우리의 제도가 진실로 최상이고, 우리의 종교가 최선이라면 저로 하여금 사회와 종교에 성실하도록 해 주시고, 또한 현재 여러 가지 종교가 있는 것이 당신의 은밀한 뜻으로 된 일이 아니라면 다른 인류들도 같은 생활 방식과 같은 종교적 신앙을 갖도록 이끌어주소서. 당신이 저를 당신 곁으로 부를 때, 행복한 죽음을 허락하소서. 죽음을 일찍 주시기를 빌거나, 또는 더 오래 살기를 비는 것이 아닙니다. 그러나 만일 당신의 뜻이라면, 저는 이 세상의 삶이 아무리 즐겁고 죽음이 아무리 괴롭다 하더라도 당신과 멀리 있기보다는 당신 가까이 있기를 바라겠나이다."

이 기도를 마친 다음에 그들은 다시 잠시 동안 교회 바닥에 엎드렸다가 일어나 점심을 먹으러 갑니다. 나머지 시간은 오락과 군사 훈련으로 보냅니다.

자, 이상이 제가 유토피아 공화국에 대해서 말할 수 있는 가장 정확한 설명입니다. 유토피아는 세계에서 가장 훌륭한 국가일 뿐 아니라, 공화국[52]이라고 부를 수 있는 유일한 국가라고 저는 생각합니다. 다른 나라 사람들은 한결같이 공공의 이익을 말하지만, 실제로는 개인의 이익만을 추구하고 있습니다. 그러나 유토피아에서는 사유재산이 없기 때문에 사람들은 사회에 대해 열성적으로 일합니다.

다른 공화국에서는 나라가 아무리 번영하더라도 자기 자신의 이익을 돌보지 않으면 굶어 죽게 된다는 것을 누구나 알고 있습니다. 그러므로 그는

---

52 모어의 시대에는 베니스를 제외하고는 공화국을 자칭하는 나라가 거의 없었다.

사회의 이익보다 개인의 이익, 즉 자기 자신의 이익을 먼저 생각하지 않을 수 없는 것입니다. 그러나 유토피아에서는 모든 것이 공동 소유이므로 공동 창고가 가득 차 있는 한, 결핍의 공포는 없습니다. 누구나 공정한 분배를 받기 때문에 가난한 사람이나 거지가 있을 수 없습니다. 사유재산을 가진 사람은 아무도 없으나, 누구를 막론하고 한결같이 부자인 것입니다.

이러한 나라에서 마음의 평화, 불안으로부터의 해방보다 더 큰 재산이 있을까요?

그들은 음식 걱정을 하거나, 아내의 잔소리에 마음이 상하거나, 딸의 지참금을 마련하기 위해 걱정할 필요가 없으므로 언제나 행복을 확신할 수 있습니다. 또한 나이가 들어 일을 못하게 되더라도 아직 일하고 있는 사람들과 마찬가지로 대우받으며 장래가 보장되는 것입니다.

그렇다면 누가 감히 유토피아의 공정한 제도를 다른 나라의 정의와 견줄 수 있겠습니까? 다른 나라에서 저는 정의나 공정이라고는 조금도 본 일이 없습니다. 다음과 같은 일들을 어떻게 정의라고 부를 수 있겠습니까. 귀족이나 금세공업자[53]나 고리대금업자는 일을 하지 않거나, 일을 한다 하더라도 도움이 되지 않는 일만 하는 데도 호화롭고 풍요로운 생활이 보장되고 있습니다. 그러나 노동자, 마부, 목수, 농부는 황소처럼 부지런히 온갖 일

---

53 르네상스 때부터 영국의 왕정 복고 시대까지 금세공업자가 은행가의 역할을 하며 경제계를 장악하고 있었다.

을 하고, 게다가 도움이 되는 일만 하므로, 만일 그들이 일을 멈추면 어떤 나라든 1년 안에 망해 버릴 것입니다.

그런데도 그들의 생활은 어떻습니까? 제대로 먹지도 못하고, 황소가 오히려 그들보다 더 낫다고 해도 좋을 만큼 비참한 생활을 하고 있습니다. 적어도 황소는 사람들처럼 오래 일하지 않아도 되며, 그 먹이도 아주 나쁘지는 않아 즐기기도 하고, 또한 장래를 걱정할 필요도 없습니다. 이에 비해 노동자나 마부나 목수나 농민은 보답 없는 노동에 허덕일 뿐 아니라, 가난에 지쳐 있을 미래의 노년기를 몹시 걱정합니다. 그들의 하루 임금은 장래를 위해서 저축하기는커녕 그날그날 연명해 가는 데도 부족할 정도입니다.

비생산적이거나 사치품, 또는 오락품을 남에게 만들어 주는 것이 고작인 소위 귀족, 금세공업자 따위에게는 많은 보상을 아낌없이 주면서 농부나, 석탄 운반 노동자, 마부, 목공 등 그들이 없으면 사회가 존립할 수 없는 사람들을 위해서는 충분한 배려를 하지 않는 사회제도가 공정하거나 정의롭다고 할 수 있을까요?

이러한 사람들이 늙고 병들어 가난해지면 비참함은 이루 말할 수 없습니다. 젊었을 때 실컷 부려 먹다가 늙고 병이 들면 그들이 밤잠을 안 자고 봉사한 것은 완전히 잊어버린 채, 그들이 필요한 일은 무엇이든지 해 준 대가로 비참한 가운데서 죽게 내버려두는 것입니다. 게다가 부자들은 개인적인 부정에 의해서만이 아니라 공공의 입법까지 악용해서 가난한 사람들의 비참한 임금을 줄이고 있습니다. 마치 사회에 가장 많이 기여한 사람에게 최소한의 보상을 하고 있는 것까지 불공평하다는 듯이, 부자들은 불공평을 더욱 조장하고, 심지어는 부정을 법적으로 정의라고 규정하기까지 하는 것입니다.[54]

현재 세계에 존재하는 사회제도를 생각할 때 실로 슬픈 일입니다만, 부자들이 사회조직이라는 구실 아래 자신들의 이익을 증진시키고 있는 음모 이외에는 아무것도 인정할 수 없습니다. 부자들은 첫째로 부정한 방법으로 모은 재산을 안전하게 유지하기 위해서, 둘째로는 가난한 사람들의 노동력을 최소한으로 싸게 사 가난한 사람들을 착취하기 위해 온갖 사기와 잔재주를 피웁니다. 부자들이 이러한 사기와 잔재주를 사회가 공인하도록 만들어야겠다고 작정하면 곧 법률이 됩니다. 이처럼 소수의 파렴치한들이 그칠 줄 모르는 탐욕을 채우기 위해, 모든 시민들의 수요를 감당하고도 남을만한 것들을 독점하는 것입니다.

그런데 유토피아에서는 이러한 사람들조차도 더 행복하게 살 수 있는 것입니다. 유토피아에서는 돈과 돈을 벌려는 열망이 동시에 사라졌기 때문에, 많은 사회 문제가 해결되고 범죄가 사라졌습니다. 금전 사용의 종말은 매일매일의 처벌에도 발생하는 온갖 범죄 행위, 곧 사기, 절도, 강도, 언쟁,

---

54 영국에서 1495~1496년 및 1515년에 통과된 '노동자 분한법(勞動者 分限法)'을 풍자하고 있다. 이 법은 노동자에게는 가혹한 대신 고용자에게는 관대했다.

난동, 쟁의, 반란, 살인, 배신, 독살 등의 종말을 의미함이 분명하기 때문입니다. 돈이 폐지되는 즉시 공포, 긴장, 불안, 과로 등 모든 것이 사라집니다. 돈이 필요한 빈궁이라는 문제도 돈이 존재하지 않게 되면 곧 사라져 버립니다.

이 점을 좀더 자세히 설명하겠습니다. 흉년이 들어서 수천 명이 굶어 죽던 해를 생각해 보십시오. 그런데 흉년이 든 해의 연말에 가서 부잣집 곳간을 낱낱이 뒤지면, 영양 실조와 질병으로 생명을 잃은 사람을 먹이고도 남을 만한 많은 양의 곡식을 찾아낼 수 있으며, 기후나 토질이 아무리 나쁘더라도 참혹한 결과만은 방지할 수 있는 것입니다. 저 축복받은 장애물인 돈만 없었더라면, 누구나 쉽게 충분한 음식을 얻을 수 있었을 것입니다. 그렇다면 양식을 좀더 쉽게 분배할 수 있는 제도가 창안되었을 것입니다. 실제로 양식을 얻기 힘들게 만드는 유일한 방해물은 돈이기 때문입니다.

저는 부자도 이러한 사실들을 모두 잘 알고 있으며, 아무런 소용이 없는 것을 많이 소유하고, 막대한 재산으로 바리케이드를 치고 숨는 것보다는 위험 지역에서 아주 벗어나는 것이 훨씬 현명하다는 것을 깨닫고 있다고 확신합니다.

그리고 저는 만일 모든 악의 근원인 오만함이 없었더라면 자기 자신의 이익을 위해서, 또는 그리스도의 권유(그리스도는 전지전능하시므로 인간을 위해 최상의 것이 무엇인가를 알고, 또 자비로우므로 이를 권고해 주었습니다)를 위해서 옛날에 벌써 유토피아의 제도를 채택했을 것이라고 믿습니다. 오만은 번영의 기준을 자신의 이익에 두지 않고 남의 비참함과 불이익에 두고 있기 때문입니다. 오만은 마구 혹사시키면서도 고생하는 꼴을 즐길 수 있는 비천한 계급이 없으면, 곧 오만의 행복을 빛나게 할 다른 사람의 비참이나 오만의 부(富)를 뽐냄으로써 더 참을 수 없는 것이 되는 다른 사람의 가난이 없으면, 아무리 낙원이라도 들어가려고 하지 않을 것입니다. 오만은 인간의 마음속에서 도사리는 지옥의 뱀처럼 언제나 우리들을 뒤로 잡아당기고 보다 훌륭한 생활 방식으로 발전하는 것을 방해합니다.

그러나 이러한 오만은 인간의 천성에 깊이 뿌리 박혀 있어서 쉽게 사라지지 않습니다. 그래서 보편적으로 채택되기를 바라는 제도가 적어도 한 나라에서는 발전되고 있다는 사실에 만족하지 않을 수 없습니다. 유토피아의 생활 방식은 문명 사회를 위한 가장 행복한 기초를 이루고 있으며, 인류가 존속하는 한 영원히 지속될 것입니다.

유토피아 인들은 야심, 정치적 분쟁 등 모든 사회 악의 근원을 제거해 버렸습니다. 그러므로 유토피아에는 많은 난공불락의 도시를 파멸로 몰아넣는 내란의 위험은 전혀 없습니다. 그리고 유토피아 인들이 그들이 가진 건전한 제도와 기관들을 잘 보존해 나가는 동시에, 동포간의 조화를 유지해 나가는 한, 시기심이 강한 이웃 나라의 통치자들이 아무리 침범해도 결코 정복당하지 않을 것입니다. 이웃 나라 왕들이 과거에 여러 번 유토피아를 침범해 왔으나 빈번히 패배당하고 말았던 것입니다.

라파엘이 이와 같은 이야기를 하는 동안, 내 마음속에는 여러 가지 의문점이 머리에 떠올랐다. 나는 그 나라의 법률이나 관습 중에 불합리한 것이 상당히 많다고 생각했다. 그들의 군사전략, 종교, 예배 형식도 그렇지만 특히, 유토피아의 사회 전체가 기반으로 삼고 있는 것, 즉 돈을 제거한 공공생활은 매우 불합리해 보였다. 돈을 사용하지 않는 공유제도는 본질적으로 귀족정치의 최후를 뜻하는 것이며, 따라서 어떤 나라에서나 진정한 영광으로 여겨지는 모든 권위와 고귀함, 그리고 존엄성의 종말을 의미하는 것이다.

나는 라파엘이 긴 이야기를 하는 동안에 피곤해졌다는 것을 알 수 있었고, 따라서 자기 자신의 의견과는 반대되는 의견에 잘 견뎌 낼지도 의심스러웠다. 그때, 나는 다른 사람의 의견을 반박하지 못하면 바보 취급을 받을까 염려하는 사람들에 대해 그가 말한 풍자적인 비판을 생각해 냈다. 그래서 나는 유토피아의 제도에 대해 약간의 찬사를 보내고, 흥미 있는 이야기를 들려준 데 대해 감사했다. 그 후 나는 저녁 식사를 함께 하자고 그의 팔을 잡고 숙소 안으로 들어갔다. 그리고 이렇게 덧붙였다.

"유토피아의 제도에 대해 깊이 생각해 보아야겠습니다. 그리고 다시 만나면 이 문제에 대해 좀더 자세하게 토론합시다."

나는 진정으로 언젠가 그와 이 문제를 다시 토의하게 되기를 바라고 있다. 라파엘이 학식과 경험이 풍부한 사람임에는 틀림없으나, 나는 그의 말에 전적으로 동의할 수는 없다. 그러나 나는 유토피아 인들의 생활에 많은 장점이 있으며, 다른 나라 사람들이 본받기를(거의 기대할 수 없는 일이긴 하지만) 바라고 있다.

고전으로 미래를 읽는다 010

유토피아

초판 발행 _ 1994년 2월 15일
중판 발행 _ 2016년 9월 1일

옮긴이 _ 원창엽
펴낸이 _ 지윤환
펴낸곳 _ 홍신문화사

출판 등록 _ 1972년 12월 5일(제6-0620호)
주소 _ 서울시 동대문구 용두 2동 730-4(4층)
대표 전화 _ (02) 953-0476
팩스 _ (02) 953-0605

ISBN 89-7055-679-6 03160